DAS ALTE CHINA

VON DER STEINZEIT BIS ZU DEN MING-KAISERN

HERAUSGEGEBEN
VON
WANG FANGZI
UND
NEBOJSA TOMASEVIC

DAS ALTE CHINA

5000 JAHRE GESCHICHTE UND ARCHÄOLOGIE

MIT TEXTEN VON
HAN ZHONGMIN UND
HUBERT DELAHAYE

HERDER FREIBURG · BASEL · WIEN

Die Originalausgabe erschien unter dem Titel
A JOURNEY THROUGH ANCIENT CHINA
im Verlag
Muller Blond and White Ltd., London

Inhalt

Graphische Gestaltung:
Emil M. Bührer und Massimo Giacometti

Photos:
Wang Lu, Chang Ping u.a.

Offsetreproduktion:
Scala, Istituto Fotografico Editoriale, Florenz

Übertragung ins Deutsche:
Gabriele Herfurth

Gedruckt in Italien als Motovun Group Buch

Satzherstellung:
F. X. Stückle, Ettenheim 1985
ISBN 3-451-20560-2

EINLEITUNG Verborgene Schätze Chinas

Die Stärke der chinesischen Archäologie liegt zweifellos darin, das historische Bewußtsein der Bevölkerung, besonders auf dem Lande, ausschöpfen zu können. So schreibt auch K. C. Chang in seiner „Archäologie des alten China" (The Archeology of Ancient China):
„Wenn ein kommunistisches Regime zugleich auch nationalistisch ist und die Bevölkerung stolz auf ihr altes Erbe, geschichtsbewußt und von einer althergebrachten Tradition erfüllt, dann muß die Archäologie einfach Hochkonjunktur haben. Viele wichtige Stätten sind durch Bauern entdeckt worden, von denen man weiß, daß sie ihren Fund gewöhnlich umgehend den zuständigen Behörden melden . . ."

Die seit 1949, dem Jahr der Gründung der Volksrepublik China, in ganz China durchgeführten Grabungsarbeiten haben äußerst bedeutsame Funde zutage gefördert, darunter auch das eindrucksvolle unterirdische Mausoleum Kaiser Qin Shi Huangdis.

Bedeutende archäologische Funde

Seit 1949, dem Jahr der Gründung der Volksrepublik China, sind überall im Land größere Grabungen durchgeführt worden, bei denen Archäologen bedeutende Funde zutage förderten. Die Menge irdener Figuren im Mausoleum Qin Shi Huangdis hat in der ganzen Welt Bewunderung hervorgerufen und wird als achtes Weltwunder angesehen, während Fundobjekte wie die Bronzelampe des Palastes der Ewigen Treue und das fliegende Pferd international Berühmtheit erlangt haben. In diesem Buch werden die wichtigsten Entdeckungen der vergangenen Jahre in der Reihenfolge ihres Alters dargestellt; sie sind reich illustriert, um dem Leser einen Überblick über die Fortschritte archäologischer Forschung in China zu geben. Einige der hier vorgestellten Beispiele werden zum ersten Mal veröffentlicht.

Zusammen mit Ägypten, Babylon und Indien ist China mit seiner jahrtausendealten Geschichte und seinem außergewöhnlichen kulturellen Erbe eine der ältesten Zivilisationen der Welt. Die oft zufälligen Entdeckungen des Erbes der Vorfahren des chinesischen Volkes – die Überreste waren oft jahrhundertelang im Erdreich verborgen – haben Lücken geschlossen und fehlende Daten ergänzt und so der historischen Forschung wertvolle Hilfe gegeben.

China ist seit Urzeiten bewohnt; in verschiedenen Provinzen hat man paläolithische Überreste gefunden. Demnach ist das Neolithikum der Auftakt zur chinesischen Geschichte. Bis jetzt wurden über 6000 neolithische Fundorte in verschiedenen Landesteilen festgestellt, an über 100 dieser Orte hat man Grabungen durchgeführt. Die neolithische Kultur hatte sich ursprünglich entlang des Gelben Flusses erstreckt; dies war die Wiege einer 5000–6000 Jahre zurückreichenden Kultur, die unter dem Namen Yangshao-Kultur bekannt wurde. Sie hat ihren Namen von dem Dorf im Gebiet Mianchi, in der Provinz Henan, in dem sie entdeckt wurde; Töpferwaren, mit typischen Motiven bemalt, sind die für sie charakteristischen Kunstgegenstände.

Am Oberlauf des Gelben Flusses, in der Provinz Gansu, hat man zahlreiche Stücke bemalter Töpferwaren der Majiayao-Kultur entdeckt.

Diese Alltagsgegenstände zeugen vom hohen Grad technischen Könnens, das die neolithischen Handwerker erreicht hatten. Aufgrund des Wandels und der Weiterentwicklung von Form, dekorativen Motiven und Brenntechniken lassen sich die verschiedenen Kulturen auseinanderhalten; dies ermöglicht ihre Datierung und zeigt die Beziehungen und wechselseitigen Einflüsse zwischen den verschiedenen Gruppen auf. Die bei Grabungen in den Dörfern Banpo und Jiangzhai im Gebiet von Lintong in Sha'anxi gefundenen Überreste sind typische Beispiele der Yangshao-Kultur. Die Majiayai-Kultur, in den Provinzen Gansu, Qinghai und anderen entdeckt, ist eine weitere Kultur, die bemalte Töpferwaren kennt; sie zeigt den Einfluß der Yangshao.

1973 entdeckte man in dem Ort Hemudu bei Yuyao in Zhejiang die Überreste einer primitiven neolithischen Kultur aus der Zeit zwischen 4000 und 6000 v. Chr. Die spezifischen Kennzeichen dieser Kultur waren Keramikwaren mit eingeritzten Motiven und der Gebrauch von Knochen zur Wahrsagerei. Diese wichtige Entdeckung zeigt, daß das Changjiang-Becken – wie der Gelbe Fluß – die Heimat einer wichtigen primitiven Kultur war. In jüngster Zeit hat man neolithische Überreste bei Kare in Tibet gefunden.

Die Shang-Dynastie und die Westliche Zhou-Dynastie umfassen einen Zeitraum, der vom 16. bis zum 8. Jahrhundert v. Chr. reicht.

Die wichtigsten archäologischen Fundorte

1. Banpo und Jiangzhai, Provinz Xi'an
2. Verwaltungsbezirk Yongdeng, Provinz Gansu
3. Liuwan, Provinz Qinghai
4. Datong, Provinz Qinghai
5. Hemudu, Provinz Zheiiang
6. Kare, Autonome Region Tibet
7. Yinxu, Provinz Henan
8. Zhengzhou, Provinz Henan
9. Zhouyuon, Provinz Sha'anxi
10. Verwaltungsbezirk Pingshan, Provinz Hebei
11. Changsha, Provinz Hunan
12. Jinan, Provinz Hubei
13. Verwaltungsbezirk Lintong, Provinz Sha'anxi
14. Mancheng, Provinz Hebei
15. Mawangdui, Provinz Hunan
16. Shizhaishan, Provinz Yunnan
17. Dabaotai, Beijing
18. Leitai, Provinz Gansu
19. Xianyang, Provinz Sha'anxi
20. Helinggel, Innere Mongolei
21. Xianggang, Provinz Guangdong
22. Pingshao, Provinz Shanxi
23. Provinz Sichuan
24. Datong, Provinz Shanxi
25. Cixian, Provinz Hebei
26. Taiyuan, Provinz Shanxi
27. Großraum Nanjing, Provinz Jiangsu
28. Xi'an, Provinz Sha'anxi
29. Xuanhua, Provinz Hebei
30. Faku, Provinz Liaoning
31. Suzhou, Provinz Jiangsu
32. Jiaozhuo, Provinz Henan
33. Beijing

1– 6	△	Neolithische Periode
7– 9	●	Shang- und Zhou-Dynastien
10–12	○	Das „Zeitalter der Streitenden Reiche"
13	+	Qin-Dynastie
14–23	■	Westliche und Östliche Han-Dynastien
24–27	□	Nördliche und südliche Dynastien
28	▲	Tang-Dynastie
29–33	▼	Heutige Zeit

NEI MONGOLIA
LIAONING
BEIJING SHI
TIANJIN SHI
HEBEI
NINGXIA
SHANXI
SHANDONG
GANSU
HENAN
JIANGSU
SHAANXI
ANHUI
HUBEI
SICHUAN
ZHEJIANG
JIANGXI
HUNAN
FUJIAN
GUIZHOU
TAIWAN
UNNAN
GUANGDONG
GUANGXI
1 2 3 4 5 7 8 9 10 11 12 13 14 15 16 17 18 19 20 21 22 23 24 25 26 27 28 29 30 31 32 33
46 42 38 34 30 26 22 18 126

Mit den Ausgrabungsarbeiten an den Ruinen von Yin im Gebiet Anyang (Henan), das fast drei Jahrhunderte lang die Hauptstadt der Shang-Dynastie war, wurde 1928 begonnen; sie haben zur Entdekkung zahlreicher zur Wahrsagerei benutzter Knochen geführt, der ältesten Zeugnisse der Schrift in China. In den letzten drei Jahrzehnten ist die archäologische Forschung noch einiges über die Ruinen von Yin hinausgekommen und hat dadurch ein ausgewogeneres Gesamtbild der Shang-Kultur entwerfen können. 1952 wurden die Überreste einer alten Shang-Stadt bei Zengzhou (Henan) entdeckt. Die in diesem Buch gezeigten Bronzegeräte sind hierfür typisch; sie zeigen den hohen Grad des Könnens, der auf dem Gebiet des Metallgießens erreicht worden war.

Pferdekopf aus Bronze, 1980 westlich des Mausoleums des Ersten Kaisers entdeckt.

Die Shang wurden von den Zhou abgelöst, einem Stamm aus Zhouyan, dem Gebiet des heutigen Qishan und Fufeng in Shanxi. Der Rong-Stamm eroberte 771 v. Chr. die Hauptstadt West-Zhous; mit der Verlegung der Hauptstadt nach Loyi (heute Loyang in Henan) begann für die Zhou eine neue Phase ihrer Geschichte, das Östliche Zhou. Dies kennzeichnet den Beginn der „Frühlings-und-Herbst-Epoche“ und des „Zeitalters der Streitenden Reiche“ (770 bis 221 v. Chr.).

Kriege im Gebiet von Zhouyan zerstörten die Stadt vollständig; in der Umgebung wurden jedoch Bronzegegenstände aus der Han-Dynastie gefunden. In jüngster Zeit hat man das Gebiet erforscht und Grabungen systematisch durchgeführt; dabei hat man unter anderem die Fundamente eines Ahnentempels und einen großen Palast der West-Zhou entdeckt. Die Archäologen sind der Ansicht, daß die archaischen Bronzen der Shang und der Zhou Symbole religiöser Autorität und Macht sind. Diese Bronzen lassen sich in vier Kategorien einteilen: Musikinstrumente, Waffen, Geräte und Schmuck für Pferde und Wagen.

Das berühmte fliegende Pferd, ein Meisterwerk der Han-Bildhauerei.

Während der „Frühlings-und-Herbst-Epoche“ und des „Zeitalters der Streitenden Reiche“ erfuhr die chinesische Gesellschaft tiefgreifende Veränderungen. Nach dem Wegzug der Zhou nach Loyi vergrößerte der Qin-Staat im Westen rasch seine Macht durch die Annektierung des Rong-Stammes und verschiedener Vasallenstaaten. Im Süden nahm der Chu-Staat ein großes Gebiet in Besitz. Im Norden gingen über 30 Vasallenstaaten im Jin-Staat auf, der sich dann in die drei Staaten Han, Zhao und Wei aufspaltete. Im Osten lag der Staat Qi, im Nordosten der Staat Yan. Es war dies eine Zeit beständiger Kriege, in denen die verschiedenen Fürsten um die Macht kämpften und versuchten, eine Vormachtstellung zu erlangen.

In jüngster Zeit hat man damit begonnen, ihre Stätten eingehend zu untersuchen und Grabungen durchzuführen. Im vorliegenden Buch werden wir Funde aus dem Grabmal des Fürsten von Zhongshan zeigen, das man bei Pingshan in Hebei ausgegraben hat, und vom Grab des Grafen von Zeng zu Sinxian (Hubei), das auf den Beginn der „Zeit der Streitenden Reiche" datiert ist. Darüber hinaus lohnt es sich, die archäologischen Entdeckungen von Jinan, der Hauptstadt des Chu-Staates, im Gebiet von Jangling (Hubei) in Erinnerung zu rufen. Zahlreiche Gräber im Gebiet rund um die Stadt haben den Forschern wichtige Informationen über die Chu-Kultur geliefert; hier hat man auch verschiedene Lackarbeiten gefunden. Lackarbeiten waren eine zu jener Zeit hochentwickelte und blühende Kunstform; Keramiken und Bronzen kamen hingegen seltener vor.

Im Jahre 221 v. Chr. gelang es Qin Shi Huangdi, dem Ersten Kaiser der Qin-Dynastie, die Spaltungen der vorangegangenen Zeit zu beenden und den ersten geeinten und zentralisierten Feudalstaat in der Geschichte Chinas zu schaffen. Nach Aussage der historischen Dokumente begannen die Arbeiten am kaiserlichen Mausoleum am Berg Li in dem Augenblick, als Shi den Thron bestieg; sie dauerten 38 Jahre. 210 v. Chr., im Jahr seines Todes, waren sie immer noch nicht abgeschlossen. 1974 fand man eine große Menge Terrakotta-Statuen in drei Gruben etwa eine Meile vom Mausoleum entfernt. Unter diesen Statuen sind mehr als 7000 lebensgroße Soldaten und Pferde, die in Schlachtordnung aufgestellt sind und ein großartiges Militärmuseum unter dem Erdboden bilden. Wir zeigen hier auch zwei Bronzegespanne von Pferden, Wagen und Wagenlenkern, die man in jüngster Zeit an der Westseite des Mausoleums entdeckt hat.

In den letzten 30 Jahren haben Grabungen eine große Anzahl von Han-Gräbern in ganz China ans Tageslicht gebracht. Die bedeutendsten sind jene von Lingshan in Mancheng (Hebei) und das von Mawangdui bei Changsha (Hunan), die beide aus der Zeit der Westlichen Han-Dynastie stammen. Die Fülle der in ihnen gefundenen Gegenstände zeugt von der Vielfalt der Bestattungspraktiken jener Zeit. Zusätzlich zu einer Auswahl der interessantesten Kunsterzeugnisse (mit Jade-Steinen besetzte Trauergewänder, Trauerfahnen, auf Seide gezeichnete militärische Karten usw.) zeigen wir auch Abbildungen der Bronzen und anderer Funde aus Shihjiashan im Gebiet von Jiuning (Yunnan), die im wesentlichen die Kultur ethnischer Minderheiten widerspiegeln; solche Gegenstände sind hier zum ersten Mal in Han-Gräbern entdeckt worden. Auch das Grab des Königs von Süd-Yue (heute Xianggang in der Stadt Guangzhou) ver-

Terrakotta-Plastik eines Kriegers aus der Zeit der nördlichen und südlichen Dynastien.

Quilin, *das chinesische Einhorn; es steht vor dem Grab des Chen-Kaisers in Ganjiaxiang, Nanjing.*

dient Beachtung. Es wurde erst in jüngster Zeit ausgegraben, enthielt etwa 2000 Jade-Gefäße und über 500 Bronzen und ist somit eines der bedeutendsten Gräber der Region.

Nach dem Zusammenbruch der Macht der Han durchlief die Feudalgesellschaft eine weitere Entwicklungsphase, die durch Rivalitäten zwischen den einzelnen Staaten gekennzeichnet war. China spaltete sich zunächst in drei Königreiche; dann entstand die Westliche Jin-Dynastie. Diese war nur von kurzer Dauer. In Nordchina errichtete der Toba-Stamm die Nördliche Wei-Dynastie (386–534), der das Östliche Wei (534–557), das Nördliche Qi (550–557) und das Nördliche Zhou (557–581) folgen sollten; diese werden zusammen als die nördlichen Dynastien bezeichnet.

Ein Guan-*Gefäß, typisches Beispiel der dreifarbigen Töpferwaren der Tang (-Zeit), mit einem Deckel in Form einer Pagode.*

Unter den Sechs Dynastien, die von 220 bis 589 den südlichen Teil des Landes beherrschten, erfuhren die Gebiete am Mittel- und Unterlauf des Yangzi einen wirtschaftlichen Aufschwung. Beispiele bemalter Lackwaren, Terrakotta-Figürchen, Skulpturen, eingeritzte Ziegelsteine und Seladon-Töpferware veranschaulichen die Kunst jener Zeit.

Die Zeit der Sui- und Tang-Dynastien (581–907) zeigt eine nie vorher dagewesene Blüte chinesischer Kultur. Im 7. Jahrhundert waren die Hauptstädte Chang'an und Loyang die reichsten und weltoffensten Städte ihrer Zeit. Die dreifarbigen Porzellanwaren mit der hellen Tönung, die man durch Oxydierung bei niedriger Temperatur erreicht, sind die typischen Produkte dieser Zeit.

Vom 10. bis zum 13. Jahrhundert wurde ein großer Teil Nordchinas von den Königreichen Liao und Jin beherrscht, die im Streit mit den Nördlichen und Südlichen Song-Dynastien lagen. Unter den in einem Liao-Grab im Gebiet Faku (Liaoning) und im Gebiet von Xuanhua (Hebei) gefundenen Gegenständen sind verschiedene Kunsterzeugnisse und Schmuckgegenstände; bei den Song-Pagoden im Gebiet von Dingxian (Hebei) und in Shuzhou (Jiangsu) hingegen wurden prächtige Porzellanwaren und buddhistische Kunsterzeugnisse gefunden.

Das künstlerische Schaffen der Yuan ist in einer Reihe lebendig und realistisch gemeißelter Grabsteine festgehalten. Dreizehn der 16 Kaiser der Ming-Dynastie (1368–1644) sind in dem prächtigen kaiserlichen Mausoleum begraben, das in einem Tal am Stadtrand Pekings liegt. Das Grab Kaiser Wan Lis wurde 1956–58 ausgegraben und ist jetzt der Öffentlichkeit zugänglich, welche die Jade-Beigaben, Porzellanwaren, die Kunsterzeugnisse aus Gold und Silber und die feinen Seidenstoffe bewundern mag. Das Buch schließt mit Abbildungen der wertvollsten Gegenstände der letzten chinesischen Dynastie. Die systematische Arbeit der letzten 35 Jahre an Siedlungen und Gräbern in verschiedenen Landesteilen hat gewaltige Mengen an Material zutage gefördert. In diesem Band werden die wichtigsten Entdeckungen der letzten Jahre gezeigt; sie sollen dem Leser einen Gesamteindruck über die geschichtliche Entwicklung der chinesischen Kunst vermitteln.

Auf der folgenden Seite: *Der Ost-See von Shaoxing in der Provinz Zhejiang; er diente jahrhundertelang als Steinbruch. In dieser Provinz entdeckte man den neolithischen Ort Hemudu.*

Blau-weiß verzierte Ming-Vase mit Dekkel, dekoriert mit zwei Drachen und Lotos-Zweigen. Feiner Ton und ausgezeichnete Glasur.

Der Gelbe Fluß – die Wiege Chinas

Das Becken des Gelben Flusses scheint seit grauer Vorzeit ein Kerngebiet für die Entwicklung der chinesischen Kultur gewesen zu sein. Die Geschichte dieses Flusses und die Geschichte Chinas weisen überraschende Parallelen auf. Er ist reich an Schwemmland und verspricht somit Fruchtbarkeit; dennoch können seine Fluten das Land nachhaltiger verwüsten als eine Gruppe von Eindringlingen. Veränderungen im Flußlauf können als Zeichen periodischer Umwälzungen gesehen werden, vergleichbar mit der Errichtung einer neuen Dynastie in der Welt der Menschen.

Die neolithische Periode

An verschiedenen Fundorten der Yangshao-Kultur, insbesondere in Banpo und Jiangzhai, hat man zahlreiche Bruchstücke von Töpferwaren entdeckt; auf ihnen befanden sich Zeichen, die entweder vor oder nach dem Brennvorgang eingeritzt worden waren.

Archäologische Untersuchungen der neolithischen Siedlungen haben wichtige Informationen über die frühen Stadien der Geschichte Chinas erbracht. Bis heute hat man über 6 000 neolithische Fundorte entdeckt; an über 100 dieser Orte hat man Grabungen durchgeführt. Untersuchungen der geographischen Verteilung der Siedlungen und ihrer Schichtung sowie der verschiedenen gefundenen Materialarten haben es den Archäologen ermöglicht, Art, Alter, Ursprung und Entwicklung verschiedener Überreste und ihre Beziehungen untereinander zu bestimmen und auf wissenschaftlicher Grundlage die historische Entwicklung der Anfänge der chinesischen Zivilisation aufzuzeigen.

Das Tal des Huang-ho (Gelber Fluß) ist die Wiege Chinas. Die neolithischen Funde, die in jüngster Zeit in Cishan im Gebiet Wu'an (Hebei) und bei Peiligang im Gebiet Xinzheng (Henan) gemacht wurden, sind aufgrund der C-14-Datierungsmethode 7000–8000 Jahre alt; dies hat zu dem Vorschlag geführt, von einer „Cishan-Peiligang-Kultur" zu sprechen. Fundamente von Häusern, Vorratsgruben, Brennöfen, Friedhöfe, Schaufeln, Sensen, Mühlen, Saatgut sowie die Skelette von Schweinen und Hunden, die an Dutzenden von

Orten gefunden wurden, zeigen anschaulich, daß es zu jener Zeit einen primitiven Ackerbau, Haustiere und einen vergleichsweise ruhigen Lebensstil gab. Die Entdeckung dieser Kultur hat es der Archäologie erlaubt, die Lücken zwischen dem Ende des Paläolithikums und der Mitte des Neolithikums zu schließen.

Der Ausdruck Yangshao-Kultur umfaßt die neolithischen Überreste, die hauptsächlich entlang des Ober- und Mittellaufs des Huangho gefunden wurden. Ein charakteristisches Merkmal der Yangshao-Kultur ist die Produktion von Töpferwaren, die mit einer Vielzahl feiner Motive bemalt sind. Die Kultur hat ihren Namen von dem Dorf im Gebiet von Mianchi in der Provinz Henan, in dem sie entdeckt wurde. Sie war weit verbreitet und wies im Laufe ihrer langen Entwicklung zahlreiche Unterschiede auf; gewöhnlich unterscheidet man jedoch nur zwei Haupttypen. Es handelt sich dabei um den Banpo-Typus der frühen und den Miadigou-Typus der mittleren Zeit; an manchen Orten treten beide Typen jedoch auch gemeinsam auf.

Von 1954 bis 1957 wurden in fünf Abschnitten Grabungen in den Dörfern Banpo und Jiangzhai, am Rand des heutigen Xi'an durchgeführt; die Grabungsarbeiten umfaßten ein Gebiet von 10000 Quadratmetern; es wurden die Überreste von über 200 Gruben, 46 Häusern, 6 Brennöfen, 250 Gräbern, 7900 Werkzeugen und 1000 Geräten gefunden, die noch gut erhalten waren und restauriert werden können. Die Geräte sind größtenteils aus Stein oder Knochen und umfassen Äxte, Hacken, Pflüge, Pfeilspitzen, Fischnetze und -haken, Ernte- und Schneidemesser. Die Gefäße für den Alltagsgebrauch entsprechen in ihrer Vielfalt den unterschiedlichen Anforderungen; es handelt sich dabei hauptsächlich um Töpferwaren, die sich aufgrund des verwendeten Materials in drei Kategorien einteilen lassen: einfache Sandkeramik, feingeformte Tonkeramik und feingeformte, harte Sandkeramik.

Die bemalten Töpferwaren von Banpo sind von einer immer noch offensichtlichen Einfachheit und Lebendigkeit; sie beschwören das Leben der Handwerker herauf, die sie hergestellt haben: das Schachbrettmuster spiegelt Fischnetze, Fischschuppen oder Webarbeiten wider, Wellen oder Berge am Horizont erscheinen in Wellenlinien, und galoppierende Hirsche, Fische und Frösche, die zum Sprung ansetzen, zeigen die nervöse Stimmung des Jägers.

Die jüngere Longshan-Kultur wurde in der gleichnamigen Stadt im Gebiet von Licheng in der Provinz Shandong entdeckt. Sie entwikkelte sich um das Jahr 2000 v. Chr. entlang des Mittel- und Unterlaufs des Gelben Flusses; ihre Überreste zeigen einen deutlichen Fort-

Ping-*Gefäß aus bemalter Terrakotta (Höhe 24,5 cm) in Form eines Flaschenkürbis, mit Fischen und Vögeln verziert.*

schritt in der Technik der Keramikherstellung. Mit Hilfe der Töpferscheibe konnten schwarze, dünnwandige Töpferwaren hergestellt werden. Funde belegen ein großes Verbreitungsgebiet der Longshan-Kultur, die jedoch deutlich regionale Unterschiede aufweist. In den Provinzen Henan, Sha'anxi und Shanxi hat man von der Yangshao-Kultur abgeleitete Formen gefunden; bei Funden in Shandong und anderen Küstengebieten glaubt man jedoch, daß es sich dabei um eine Weiterentwicklung der östlichen Dawenkou-Kultur handelt, die in enger Verbindung zur Qingliangang-Kultur der Yangtzi- und Huaihe-Täler steht.

In Hemudu hat man zahlreiche Tierfigürchen gefunden, darunter dieses Schwein (Länge 4 – 9 cm); das Schweinemotiv findet sich auch auf Alltagsgegenständen eingeritzt.

Die Dawenkou-Kultur wurde 1959 südlich von Tai'an in der Provinz Shandong entdeckt. Sie wird auf den Zeitraum 4000 bis 2000 v. Chr. datiert und trat in Shandong und den nördlichen Teilen der Provinzen Jiangsu und Anhui auf. Die Funde von Shandong gehören zu einer späten Dawenkou-Kultur; sie stellen den Übergang zur Longshan-Kultur her. Einige Forscher halten die gemalten Motive auf den Töpferwaren für die frühesten Zeugnisse der Schrift in China, während andere sie als Totemzeichen bestimmter Stämme interpretieren.

Bei Hemudu im Gebiet von Yuyao-Zhejiang hat man eine sehr alte Kultur aus der Zeit zwischen 4000 und 5000 v. Chr. entdeckt; der Fund liefert Beweise dafür, daß es im unteren Changjiang-Tal eine fortschrittliche Kultur gab und daß man dieses Gebiet daher ebenfalls als Wiege der chinesischen Zivilisation bezeichnen kann. Grabungen haben große Mengen an landwirtschaftlichen Geräten zutage gefördert, die aus Tierknochen gefertigt waren – Überreste ausgedehnten Ackerbaus und der Regulierung der Flußläufe. Pfahlbauten zeugen von einem seßhaften Leben, und eine dicke Reisschicht mit Stielen und Blättern zeigt, daß dieses Getreide bereits angepflanzt wurde. Aus der Hemudu-Kultur entwickelten sich in der Folgezeit die Majiabang- und Liangzhu-Kulturen.

Spinnwirtel aus Terrakotta, meist bemalt.

Die am Mittellauf des Changjiang entdeckten Siedlungen der Daxi- und Qujialing-Kultur überschneiden sich teilweise mit denen der Yangshao- und Longshan-Kulturen, zu denen sie eine enge Verbindung haben. Insbesondere die gemalten Motive der Daxi-Töpferwaren zeigen den Einfluß der Yangshao. Die Qujialing-Kultur ist für ihre dünnwandigen bemalten Töpferwaren bekannt, die in der Form den Longshan-Töpferwaren verwandt sind.

In Südchina hat man Überreste folgender Kulturen gefunden: Shanbei in Jiangxi, Shixia in Guangdong und Tanshishan in Fujian. Ein gemeinsames Merkmal dieser Kulturen ist eine bestimmte Art roter Töpferwaren, in die mit einer Schnur Zierelemente eingepreßt wurden; diese Keramik wurde mit relativ einfachen Techniken hergestellt und bei niedrigen Temperaturen gebrannt. Diese Völker waren Jäger, Fischer und Sammler – es wurden keine Hinweise auf landwirtschaftliche Erzeugnisse gefunden. Die tropische und subtropische Umgebung ließ die wirtschaftliche und kulturelle Entwicklung der Region hinter der der Huanghe- und Changjiang-Täler zurückbleiben. In der Schlußphase stellte man Töpferwaren mit eingedrückten geometrischen Motiven her, während in den Zentralebenen (bereits) die Shang- und Zhou-Perioden begannen.

Die grasbewachsenen Hochebenen im nördlichen Teil Chinas, vom Nordosten bis nach Xingjiang, waren für die Viehzucht geeignet, und aus diesem Gebiet stammen auch zahlreiche mikrolithische Funde, die für die Wirtschaft eines Nomadenvolkes typisch sind.

Unter diesen Funden befinden sich auch welche aus der Hongsham-Kultur und der Fuhe-Kultur entlang des Flusses Lahoe. Bei Kare in Tibet, südöstlich von Chengdu, hat man Fundamente von Häusern, Töpferwaren und Gegenstände aus Jade und Knochen gefunden, die in ihren Merkmalen und ihrem Stil Ähnlichkeiten mit den neolithischen Funden des Gelben Flusses und des Yangzi aufweisen.

Das ganze System von Wechselwirkungen und Einflüssen zwischen den verschiedenen Typen neolithischer Kulturen führte schließlich zu einer Entwicklung in Richtung auf kulturelle Einheitlichkeit. Im ganzen gesehen, bilden diese Kulturen eine großartige Gruppe; sie sollten die Ausgangslage für die Entwicklung der ruhmreichen, geeinten Zivilisation des alten China bilden. Insbesondere die kulturellen Überreste entlang des Flusses Huanghe haben Traditionen und Charakteristika geprägt.

Terrakotta-Krug mit Reliefdarstellung einer menschlichen Gestalt (Höhe 33,4 cm, Durchmesser 19 cm); der Krug ist mit großen Ringen und einem Netzmotiv verziert.

Die bemalten Töpferwaren der Yangshao-Kultur

Die auf dieser und der folgenden Seite abgebildeten Gegenstände stammen aus Grabungsarbeiten in den Dörfern Banpo und Jiangzhai, am Rande von Xi'an in der Provinz Sha'anxi.

Rechts: Guan-*Terrakotta-Krüge mit spitzem Boden und fließenden gewundenen geometrischen Verzierungen (9,4 cm Durchmesser, 21,3 cm Höhe).*

Unten, rechts: *Terrakotta-Schale mit Fisch- und Froschmustern (34,5 cm Durchmesser).*

Der Ort Banpo, 1952 entdeckt, eignet sich besonders gut als Ausgangspunkt für eine Untersuchung des alten China, da er in mehrfacher Hinsicht ein typisches Beispiel abgibt. Vor allem ermöglicht er uns eine ausgezeichnete Vorstellung über das kulturelle Niveau im Becken des Gelben Flusses unterhalb der Ordos-Windung und

Bemalte Terrakotta-Ping-Wassergefäße in Form eines Flaschenkürbis (24,5 cm Höhe).

Rechts: *Dünnwandige Bo-Schale mit gerader, engerer Öffnung als bei den Pen-Schalen. Die Außenseite ist im oberen Teil mit geometrischen Motiven verziert (Durchmesser 14,5 cm, Höhe 9 cm).*

seines Nebenflusses Wei zur Zeit des Neolithikums und früher. Doch Banpo liefert auch das umfassendste Bild und die reichhaltigsten Informationen über Lebensumstände und Lebensweise der Vorfahren der Chinesen, obwohl der Ort, der seine Blütezeit zwischen 5000 und 3000 v. Chr. erlebte, der Yangshao-Kultur zugerechnet wird (als historische Anmerkung: in Yangshao-cun, weiter östlich, wurden 1920 die

ersten Scherben der typischen „roten Töpferwaren" gefunden).

Die etwa 200 Häuser und Kornspeicher des „Dorfes auf halber Anhöhe" waren zur Hälfte in den Boden hineingebaut, in der Form unterschiedlich – pyramidenförmig, quadratisch oder rund – und maßen etwa 5 m im Durchmesser. Einige Häuser hatten eine Eingangshalle; man kann sich fragen, ob dies – wie im Falle der später auftauchenden Grabkammern – mit der sozialen Stellung des Bewohners in Beziehung stand. Ein Herd, auf dem Speisen zubereitet werden konnten, befand sich in jedem Haus; so auch in einem im Zentrum des Dorfes gelegenen langen Gemeinschaftshaus, dessen Funktion unklar ist. Im Osten des Dorfes, nahe dem tiefen Graben, der die Wohnhäuser umgab, ragten sechs Brennöfen für die Töpferei auf. Die Gesamtfläche Banpos wird auf etwa 5 ha geschätzt.

Die Bewohner Banpos pflanzten mit Hilfe verschiedener steinerner Ackergeräte Hirse an; Körner oder Mehl wurden in bemalten Krügen aufbewahrt. Die Einwohner hielten Schweine, Schafe und Ziegen, und ihre reichhaltige Speisekarte wurde gelegentlich noch durch erjagte Leoparden, Rhinozerosse oder Präriehunde ergänzt.

Gegenstände des alltäglichen Gebrauchs: funktionelle Formen und ästhetische Experimente

Zwei Guan-*Krüge, der obere mit einem Muster aus Dreiecken, der untere mit eingeritzten Verzierungen.*

Mitte: *Keramikschale mit Netzmotiv und der Maske einer menschlichen Gestalt, darüber eine Verzierung und zu beiden Seiten ein Fisch (Durchmesser 44,5 cm, Höhe 17 cm).*

Unten: *Wassergefäß mit enger Öffnung und spitzem Boden (Höhe 43 cm); eingeritzte Verzierungen.*

Nächste Seite: *Diese* Hu-*Vase zeichnet sich durch Klarheit der Linie, sorgfältige Bearbeitung, glatte Oberfläche und die enge Öffnung in Form eines Pilzes aus.*

Die Yangzi-Periode

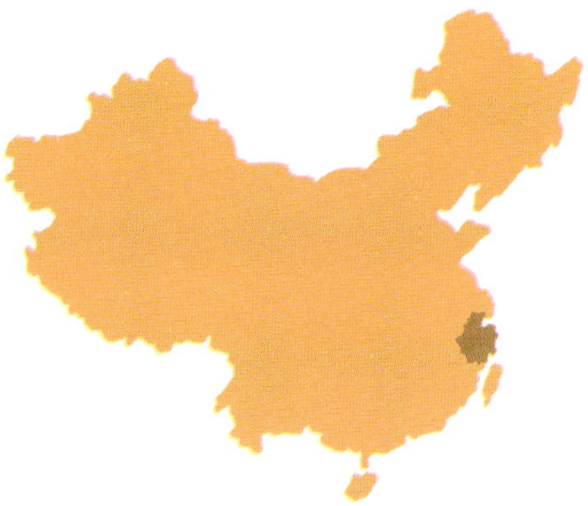

Die Rodungs- und Düngungsmethoden der Einwohner Banpos bestanden meist im Abholzen und Niederbrennen. Diese Art der Bodennutzung findet sich heute noch in Malaysia *(ladang)* und Vietnam *(ray)*; da sie den Boden sehr schnell auslaugt, muß im häufigen Fruchtwechsel angebaut werden, der von den Bauern Flexibilität verlangt.

Die neolithischen Kulturen der Seeprovinzen Shandong und Zhejiang, bekannt als Longshan-Kultur, machten unter anderem in dieser Region entscheidende technologische Fortschritte. Diese Kulturen scheinen jüngeren Datums als die Yangshao-Kulturen zu sein, und in der Tat datiert sie die C-14-Methode ins 3. Jahrtausend.

Auf technologischem Gebiet machten sie große Fortschritte, die ihnen die Herstellung komplizierter Werkzeuge, besserer Fischhaken und – dank der Einführung der Töpferscheibe – feinerer Töpferwaren ermöglichten. Ihre Brenntechnik wurde derart verbessert, daß die für die Longshan-Kulturen typischen „schwarzen Töpferwaren“ eine plastische Qualität erreichten, die damals ihresglei-

chen suchte. Im Laufe der Jahrhunderte entwickelte sich die Töpferei zu einer Domäne für Spezialisten, die sowohl für den Kunstsektor als auch für den Gebrauchsgüterbedarf arbeiteten. So stellten sie beispielsweise Töpferwaren für gemeinsame religiöse Zeremonien her, deren Bedeutung über einfache Aussaat- und Erntefeste hinausging und bereits mit dem Ahnenkult in Beziehung zu stehen scheint. Magische religiöse Kulte tauchten auf, bei denen Prophezeiungen auf verkohlte Tierknochen und später, zur Zeit der Shang-Dynastie, auf Schildkrötenpanzer eingeritzt wurden.

Ovaler Knochenbecher mit eingeritztem verschlungenem Motiv, Seidenraupe und zwei symmetrischen Öffnungen nahe dem (oberen) Rand.

Die Dörfer waren mit Mauern und Palisadenzäunen befestigt, es zeigten sich klar abgrenzbare soziale Schichten; die Schichtzugehörigkeit ließ sich vor allem an der Bestattungsform (Sarg, Doppelbestattung) und an den Grabbeigaben ablesen.

Durch diesen gesellschaftlichen Organisationsgrad und ihre technologische Entwicklung gehörten die Vorfahren der Chinesen nun nicht mehr zu den primitiven Völkern. Sicherlich spielten die Regionalkulturen am Mittel- und Unterlauf des Gelben Flusses in dieser allmählichen Entwicklung eine führende Rolle. Da es keine geographischen Barrieren gibt, ist ihr Einfluß auch auf die südlichen neolithischen Kulturen unbestreitbar, wie zum Beispiel auf die Hemudu-, Quinliangang- und Liangzhu-Kultur, und auf alle anderen Kulturen in den Provinzen Jiangsu und Zhejiang, bis hin zu den Küsten Taiwans. Es ist jedoch schwierig, diesen Einfluß zu beweisen, da die mittleren und unteren Yangzi-Kulturen sowohl traditionelle als auch originäre Züge aufweisen.

Polygonales Fu-*Kohlenbecken (Höhe 22,8 cm) zur Zubereitung der Speisen; am Boden fand man Spuren verbrannten Holzes.*

Sie konnten sich auch dank einiger großer Seen ein dichtes und relativ gleichbleibendes System von Gewässern zunutze machen (es kam am Gelben Fluß oft zu verheerenden Überschwemmungen, in deren Folge der Fluß dann einige hundert Kilometer von seinem eigentlichen Flußbett abwich). Die hydrographische Stabilität spielte offensichtlich für den frühen Reisanbau und – im Zusammenhang mit dem Klima – auch für den Anbau von Tropenfrüchten wie Melonen und Erdnüssen eine Rolle. Die Bewohner des Yangzi-Deltas besaßen zahlreiche Wasserbüffel; daneben waren sie erfahrene Fischer, was vielfältige Funde von Fischhaken, Harpunen und Netzen belegen.

In Hemudu hat man zahlreiche Tierfigürchen gefunden, darunter Schafe, Fische, Schwalben, Hunde und Schweine.
Die gleichen Darstellungen finden sich auch auf beiden Seiten der unten abgebildeten quadratischen Bo-Schale (Höhe 11,7 cm) eingeritzt.

Pfeifen aus Knochen (Länge 6–10 cm), mit einem bis fünf Löchern; sie waren sowohl Musikinstrumente als auch Lockpfeifen für Tiere.

Grenzgebiete und die Steppe

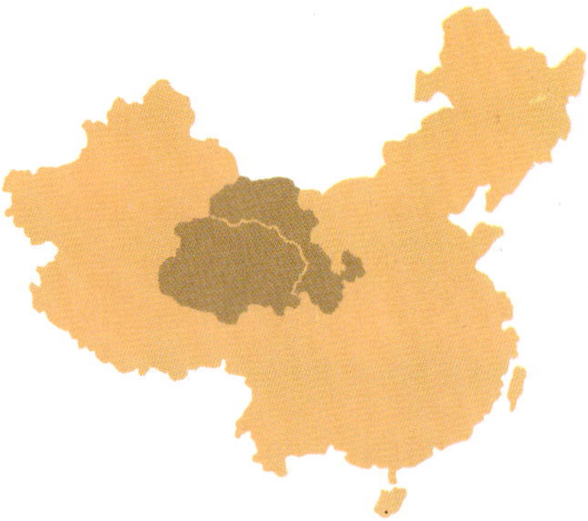

Es erscheint offensichtlich, daß sich die Yangshao- und Longshan-Kulturen in Richtung auf die Steppen und vor allem auf die Grenzen Zentralasiens – speziell Ost-Gansus – ausgebreitet haben. Wieder einmal liefern uns Töpferwaren die wichtigsten Beweise. Die rotschwarzen Spiral-, Rosen-, Rauten- und Wellenmotive auf den Friesen der Töpferwaren (der Fundorte) von Majiayao oder Banshan zeugen in ihrer Stilisierung von großartiger formaler Schönheit, welche die der Töpferwaren der Zentralebene noch übertrifft. Solche Merkmale täuschen jedoch. Die runden, bauchigen Krüge und gleichförmigen Vasen sind durchaus nicht so elegant wie die „schwarzen Töpferwaren“ von Shandong, über die wir bereits berichtet haben. In ihrer offensichtlichen Funktionalität spiegeln diese Gebrauchsgegenstände den weniger kultivierten Lebensstil von Bauern und Viehzüchtern der zentralasiatischen Grenze und der Steppe wider.

Die beträchtliche Entfernung dieser Gebiete von der Zentralebene brachte offensichtlich jedoch keine Probleme mit sich. Man sollte dabei nicht vergessen, daß Gansu Ziel- und Endpunkt der entstehenden

Seidenstraße war; Kontakte mit Westasien hatte es sicherlich schon vor der Eröffnung dieser Route gegeben. Chinesische Wissenschaftler, denen ein china-zentrierter Blickwinkel oft schon zur zweiten Natur geworden ist, erwähnen nur selten die auffallenden Ähnlichkeiten zwischen den dekorativen Motiven auf den Töpferwaren von Lanzhou, Jiuquan und anderen Fundorten in Gansu und den Motiven der Töpferwaren, die traditionell am Kaspischen Meer hergestellt werden. Ebenso fallen Ähnlichkeiten auf zwischen Motiven und Formen neolithischer Töpferwaren aus Funden im Norden der Inneren Mongolei und der Mandschurei und solchen aus Sibirien. Ein letztes Beispiel aus der Bronzezeit soll die von chinesischen Wissenschaftlern favorisierte Theorie, der zufolge die geschlossenen Kulturen der Zentralebene allein die chinesische Zivilisation hervorgebracht haben, ins rechte Licht rücken. Das Beispiel ist ein Kornspeicher in Wuwei in Gansu, in dem vor etwa 12 Jahren Messer, Meißel und Ahle aus mehr oder weniger reinem Kupfer gefunden wurden. Es handelt sich dabei um einen der frühesten Funde von Metallgegenständen in China (etwa auf die Zeit um 2000 v. Chr. datiert).

Oben: *Krug mit Reliefdarstellung einer menschlichen Gestalt; im oberen Teil mit großen Kreisen in Netzmuster verziert; der Krug wurde 1974 bei den Grabungsarbeiten von Liuwan entdeckt (Durchmesser 19 cm, Höhe 33,4 cm).*

Rechts: *Terrakotta-Krug mit verschlungenen Ziermotiven, 1975 bei Jiawan im Gebiet von Ledu in der Provinz Quinghai entdeckt (Durchmesser 15 cm, Höhe 20 cm).*

Nächste Seite, links: *Bemalte Terrakotta-Schale mit drei Reihen von Tänzern, die sich bei den Händen halten. Sie wurde 1973 bei Datong in der Provinz Quinghai ausgegraben und zeigt eine der besten Darstellungen menschlicher Aktivität.*

Nächste Seite, rechts: *Steingutgefäß mit langgezogenem Hals und (nur) einem Henkel. Es wurde 1976 im Verlauf der Grabungsarbeiten bei Liuwan, Provinz Quinghai, zutage gebracht (Durchmesser 7,7 cm, Höhe 20 cm).*

Die in der Provinz Gansu am Oberlauf des Gelben Flusses gefundenen großen Mengen an Töpferwaren gehören der als „Yangshao-Kultur Gansus" bekannten Majiayao-Kultur an. Typisch hierfür sind die großen bauchigen Wassergefäße, mit streng geometrischen Netz- oder Spiralmotiven verziert und mit breiten Öffnungen und einem oder zwei Henkeln versehen.

Oben: *Eine farbige Töpferarbeit mit rot-schwarzen geometrischen Mustern des Macheng-Typus.*

Der bemalte Krug oben rechts weist eine unübliche Einschnürung in der Mitte auf; er trägt ein Ziermotiv aus Parallellinien, Gittern und Kreisen.

Rechts: *Der bemalte Steingutbecher trägt am Henkel ein stilisiertes menschliches Gesicht (Durchmesser 12,3 cm, Höhe 24,6 cm). Er wurde 1973 im Gebiet von Yongdeng in der Provinz Gansu gefunden.*

Auf der nächsten Seite: *Ein dreifüßiger Krug aus rotem Steingut, Kochgeschirr aus dem späten Neolithikum.*

Tibet

In dem Dorf Kare nahe der Stadt Chamdo im östlichen Tibet liegt die Stätte einer 4600 Jahre alten neolithischen Siedlung. Auf einer Fläche von etwa zwei Morgen wurden große Mengen von Steinwerkzeugen, Töpferwaren und Beinutensilien gefunden, desgleichen Knochen von Rindern und Schafen. In mehreren Fällen ähnelt das Design der irdenen Krüge sehr stark dem Design jener Gegenstände aus derselben Periode, die im Tal des Gelben Flusses gefunden wurden.

Rechts: *Doppelvase in Tiergestalt aus dem neolithischen Fundort Kare.*

Nächste Seite, oben: *Steinerne Scheibe.* Mitte und unten: *Grundmauer eines neolithischen Wohnhauses und Rekonstruktion des Aufrisses.*

Folgende Seite: *Blick auf die Gipfel, die das Dach der Welt beherrschen.*

Die Meister der Bronzeskulptur

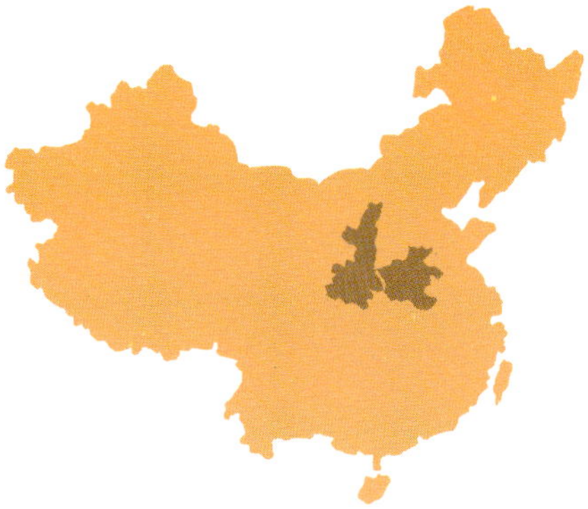

Heutzutage, da ihre Existenz archäologisch hinreichend belegt ist, wird die Shang-Dynastie allgemein als die erste vorkaiserliche chinesische Dynastie bezeichnet. Obwohl es keine schlüssigen Belege für einen Zusammenhang zwischen den späten neolithischen Kulturen des Großen Beckens, insbesondere der Erlitou-Kultur, und der Xia-Dynastie, der traditionellen Vorläuferin der Shang-Kultur, gibt, sollte daraus nicht geschlossen werden, die Xia-Dynastie habe nur eine mythische Existenz besessen. Schließlich schenkten viele Orientalisten den Erzählungen über die Shang auch erst dann Glauben, als die alten Legenden durch Ausgrabungen bestätigt worden sind, die man in den zwanziger Jahren in Anyang durchführte, der letzten Hauptstadt der Shang, gegründet bald nach 1400 vor Christi Geburt.

Die Shang- und Zhou-Dynastien

Detail aus einem Gong-*Gefäß: Deckel in Form eines Giraffenkopfes; zwischen den Hörnern befindet sich ein kleiner Drachen, und an den Seiten sind Phönixe angebracht.*

Schriftliche Quellen belegen, daß die Xia-Dynastie zwischen dem 21. und dem 16. Jahrhundert v. Chr. herrschte und während ihrer über vier Jahrhunderte andauernden Herrschaft 17 Könige von Yu dem Großen bis Jie hervorgebracht hat; trotz zahlreicher Untersuchungen in den letzten Jahren hat man jedoch keinen direkten Beweis ihrer Existenz gefunden.

Andererseits hat man eine Kultur, die Erlitou in Yanshi, entdeckt, die der mythischen Dynastie sowohl geographisch als auch zeitlich entspricht. Eine tiefe Schicht mit Funden deutet darauf hin, daß an dem Ort über einen längeren Zeitraum hinweg eine seßhafte Bevölkerung lebte; diese Schicht enthielt hauptsächlich Kunsterzeugnisse aus Stein, aber auch Überreste von Gußwaren, Gußformen und Keramikbruchstücke. Daneben hat man auch kleine Bronzegegenstände, wie Schwerter, Glocken, Pfeilspitzen und Haken, ausgegraben.

Sie sind äußerst primitiv, wenig vielfältig und weisen weder Verzierungen noch Inschriften auf. Daneben sind sie klein und schmal und gewöhnlich Kunsterzeugnissen des gleichen Typus aus Keramik, Stein, Knochen, Muscheln usw. nachgebildet. Diese Periode bezeichnet daher den Beginn der Bronzezeit.

Bei Wangchenggang im Gebiet von Dengfeng (Henan) am südlichen Rand der Shongshan-Berge hat man eine Burg entdeckt, von der einige Fachleute meinen, sie sei möglicherweise ein Überbleibsel eines Gebäudes der Xia. In den vergangenen Jahren hat es der Forschung weitere Hinweise geliefert. Das Bruchstück eines hier gefundenen Bronzegefäßes wird für den ältesten derartigen Fund der Zentralebene gehalten; seine ursprüngliche Form ist jedoch schwer festzustellen.

Der Sage zufolge lebte der Stamm der Shang zur gleichen Zeit wie die Xia, jedoch in einem anderen Gebiet. Die erste geschichtlich belegte chinesische Dynastie wurde nach dem Sturz der Xia gegründet und umfaßte den Zeitraum vom 16. bis zum 11. Jahrhundert. Die Ruinen von Yin nordwestlich der heutigen Stadt Anyang in der Provinz Henan waren 273 Jahre lang die Hauptstadt der späten Shang-Dynastie. Seit dem Beginn der Ausgrabungen im Jahre 1928 wurden hier bereits 15 Grabungsabschnitte durchgeführt. Seit der Gründung der Volksrepublik haben großangelegte, auf wissenschaftlicher Grundlage durchgeführte Ausgrabungen gezeigt, daß es in dieser Grabung nicht nur Schichten aus der Shang-Zeit, sondern auch Überreste einer vorangegangenen Periode gab.

Jia-Dreifuß (91 cm hoch) mit Stützen in Gestalt von Phönixen; das Gefäß wurde zur Aufbewahrung und zur Erwärmung von Wein benutzt.

Am Südufer des Flusses Huanshui, nahe dem Dorf Xiaotun, hat man den Palast- und Tempelkomplex der Vorfahren der Shang gefunden, ebenso verschiedene Werkstätten und Vorratsgruben sowie große Mengen an Schildkrötenpanzern und Tierknochen, die bei Wahrsagungen gebraucht wurden. Das am besten erhaltene der in den letzten 50 Jahren untersuchten Gräber ist das 1976 in dem Dorf Xiaotun ausgegrabene Grab eines Mitglieds der königlichen Familie der Shang. Dabei wurde eine große Anzahl von Kunsterzeugnissen zutage gebracht, insbesondere äußerst fein gearbeitete Bronze- und Jade-Gegenstände. Am nördlichen Ufer, nahe den Orten Houjia und Wuguan, befindet sich die Begräbnisstätte der königlichen Familie und des Adels. Das Gebiet östlich der königlichen Totenstadt ist speziell Opferungen an die Vorfahren vorbehalten – Grabungen haben enthüllt, daß 1178 Sklaven in 191 Gruben in einem Gebiet von 4700 m² lebendig begraben wurden.

Bei Zhengzhou in Henan hat man die Überreste der Mauern einer

Stadt aus der frühen Shang-Periode gefunden. Die Mauern bestanden aus Schichten gepreßter Erde, hatten einen Umfang von fast 7 km und waren 1–9 m hoch. Im nordöstlichen Teil der Stadt kann man die Überreste von Gebäuden und einen großen Hügel aus gepreßter Erde finden; außerhalb der Stadt hat man Werkstätten für Bronzegießerei und Knochenschleiferei entdeckt. Es handelt sich bei dieser Stadt um eine der ältesten uns bekannten Städte Chinas; Städte mit

Die Ruinen von Yinxu, der Hauptstadt der späten Shang-Dynastie, erstrecken sich zu beiden Seiten des Flusses Hanghui. Überreste aus der Zeit der frühen Shang-Dynastie hat man auch bei Zhengzhou in der Provinz Henan entdeckt. Es handelt sich dabei vermutlich um die älteste Stadt, die man in China freigelegt hat.

ähnlichen kulturellen Merkmalen hat man bei Pauloncheng im Gebiet von Huangpi in der Provinz Hubei und bei Wucheng, Qinjiang, Jiangxi gefunden. Die Funde haben deutlich gemacht, daß sich die Shang-Kultur, von der man einst annahm, daß sie auf das Gebiet am Mittellauf des Huanghe beschränkt gewesen sei, in Wirklichkeit über große Teile des Chanjiang- und Hansui-Tales erstreckt hatte und sich dort auch lange Zeit hielt.

Die im Gebiet von Peking und in den Provinzen Shandong und Hebei entdeckten Shang-Gräber haben neue Einsichten in die Shang-Kultur ermöglicht. In dem Dorf Taixi im Gebiet von Gaodeng in der Provinz Hebei hat man eine bronzene *Yue*-Axt mit einer Schneide aus Eisen entdeckt. Es hat sich herausgestellt, daß das Eisen meteorischen Ursprungs ist und in einem Gießprozeß geschmiedet und am Bronzematerial befestigt wurde. Dies liefert den Beweis, daß zu jener Zeit die Eigenschaften des Eisens bereits bekannt waren und es möglich war, es durch Gießen zu schmieden und an einem Bronzegegenstand zu befestigen. Ein ähnliches Kunsterzeugnis wurde in einem Shang-Grab zu Liujiahe im Gebiet von Pinggu (Beijing) gefunden.

In der Shang-Periode erreichte die Bronzekunst mit hochentwikkelter Technik ihre Reifephase. Die Gegenstände zeigen eine große Vielfalt an ursprünglichen und verfeinerten Formen mit prächtigen Verzierungen. In den Ruinen von Yin hat man einen 133 cm hohen und 875 kg schweren Ritualkessel gefunden. Es handelt sich dabei um den größten Bronzegegenstand, der je in China ausgegraben wurde. Das Herstellungsverfahren glasierter Töpferwaren erreichte mit dem

Auftauchen von Ur-Porzellan seinen Höhepunkt. Bei Zhengzhou hat man ein *Zun*-Weingefäß mit blauer Glasur ausgegraben – es ist dies ein Beispiel für Ur-Porzellan, das 3500 Jahre alt ist. Auch das Verfahren der Jade-Gravur erreichte einen hohen Grad an Perfektion.

Der Stamm der Zhou lebte ursprünglich auf der lößhaltigen Hochebene zwischen den Flüssen Jingshui und Weishui; unter dem Druck der nördlichen Stämme Rong und Di war er gezwungen, nach Sha'anxi zu wandern. Nachdem er sich in Zhouyuan niedergelassen hatte, einem sehr fruchtbaren und für den Ackerbau gut geeigneten Gebiet zwischen den heutigen Bezirken Qishan und Fufeng, dehnte er sich allmählich nach Osten aus und errichtete in der Folgezeit seine Hauptstadt zunächst in Feng und dann in Hao am Fluß Fengshui. Etwa um das Jahr 1027 v. Chr. führte König Wu einen Straffeldzug gegen das Königreich der Shang im Osten; nach der Entscheidungsschlacht von Muye, die das Ende der Shang bezeichnet, errichteten die Zhou eine östliche Hauptstadt in Loyi, um ihre Autorität in den eroberten Gebieten zu stärken. Durch die Ausdehnung seines Einflußbereiches wurde der Staat der Zhou viel mächtiger als die Shang.

Archäologische Entdeckungen der jüngsten Zeit haben die historische Faktizität der Shang-Dynastie bewiesen, die man vor wenigen Jahrzehnten noch für legendär hielt.

Vor 1949 hatte es praktisch keinerlei archäologische Untersuchungen des Westlichen Zhou gegeben. 1951 begann man mit Forschungen und Ausgrabungen an beiden Ufern des Flusses Fengshui. 1953 folgten Untersuchungen der Überreste der Shang-Hauptstadt entlang des Flusses Jianhe in den Vororten des heutigen Loyang. In jüngster Zeit hat man die Überreste von Palästen und Ahnentempeln der Zhou an der Station Zhouyuan ausgegraben, wobei man auch eine große Menge an Orakelknochen und Bronzen gefunden hat.

Zhouyuan liegt an den südlichen Ausläufern des Qishan; der Fluß Weihe hat es nach Süden geschwemmt. Seine west-östliche Ausdehnung beträgt etwa 3 km, die nord-südliche Ausdehnung etwa 5 km. Während der letzten drei Jahrzehnte wurden hier zahlreiche archäologische Forschungen durchgeführt; im Februar 1976 begannen großangelegte Grabungsarbeiten.

Mit der Entdeckung von Orakelknochen und der Fundamente eines Ahnentempels im Gebiet um das heutige Dorf Fengchu wurde die Lage der Hauptstadt der ersten Westlichen Zhou-Dynastie, Qiyi, bestätigt. In der Nachbarschaft des Dorfes Yuntang im Bezirk Fufeng hat man Werkstätten für Knochenschnitzerei, Kupfer- und Keramikguß sowie die Überreste der Behausungen der einfachen Leute gefunden. Vereinzelte Gräber und Gruben für Streitwagen finden sich auch im Dorf Hejia im Bezirk Qishan. Mit der Übersiedelung König

Wens nach Feng verlor Qiyi seine Stellung als Hauptstadt; da es jedoch der Geburtsort der Dynastie und die Stätte des Ahnentempels war, wurden viele der Ahnen dort begraben. In der Endphase des Westlichen Zhou, angesichts der Invasion der Rong, zog die Dynastie nach Osten, und Qiyi wurde eine Ruinenstadt. Die im Laufe der Jahre hier entdeckten Bronzen wurden überwiegend in den Ruinen von Häusern in der Umgebung gefunden, wo sie möglicherweise von Adeligen versteckt worden waren, die sich auf der Flucht vor den Kriegswirren befanden.

In ihren Bronzearbeiten übernahmen die Zhou die Tradition der Shang und fügten ihr neue Formen und Ziermotive hinzu. Unter diesen Formen sind *Gui*-Gefäße mit quadratischer Grundfläche, Hellebarden, Schwerter und Glocken. Bei den Verzierungen ist die *Taotie*-Maske mit einer Vielzahl von Motiven vorherrschend. Die Bronzen tragen oft lange Inschriften, welche den Anlaß, für den sie gegossen wurden, näher erläutern, so zum Beispiel ob sie für die Besitzer und ihre Familie, aus Opferzwecken, anläßlich der Abreise zu einer Expedition oder als Zahlung hergestellt wurden. Diese Inschriften sind deutlich länger als Inschriften der späten Shang-Zeit und liefern wertvolle geschichtliche Informationen.

He-*Gefäß (Höhe 29 cm) mit Deckelinschrift, die sich auf einen Landverkauf zur Zeit der Regierung König Gongs aus der Zhou-Dynastie bezieht.*

Unter der großen Anzahl von Bronzegegenständen, die man nahe dem Dorf Dongjia im Bezirk Qishan ausgegraben hat, befinden sich viele mit hochwichtigen Inschriften, die uns eine Menge historischer Einzelinformationen über die Westliche Zhou-Dynastie liefern. Dazu zählen der *Weihe*-Topf und der *Wei-Ding*-Dreifuß, deren Inschriften sich auf irdische Geschäfte beziehen; ein *Yi*-Wasserkrug berichtet von einem Gerichtsverfahren und einem höfischen Urteil. In dem Dorf Zhuanghai im Bezirk Fufeng hat man eine Reihe von Bronzegegenständen ausgegraben, die der Familie der Wei gehört hatten. Die von Quiang gefertigte *Pan*-Schale schildert Ereignisse im Zusammenhang mit den ersten Königen der Westlichen Zhou-Dynastie und die Geschichte der Familie der Wei. In der mittleren Periode der Westlichen Zhou verschwinden die Weingefäße allmählich, und die Ziermuster werden überarbeitet – die Tierbilder weisen eine Tendenz zum Realismus auf, während die kleinen, komplizierten Motive verringert werden. Gegen Ende der Periode wurden die Bronzegegenstände allmählich einfacher und praxisbezogener, während die Tiermotive zunehmend abstrakt wurden. Die Bronzen der mittleren und späten Periode weisen in Form, Verzierung und Aufbau der Inschriften Ähnlichkeiten auf und kommen in Gruppen oder Serien vor – dies weist darauf hin, daß die rituellen Praktiken und Regeln der Aristokratie, verglichen mit denen der ersten Periode, einen deutlichen Wandel durchlaufen hatten. Wichtige Zhou-Gräber mit zahlreichen Bronzegegenständen und weiteren Kunsterzeugnissen hat man auch an anderen Orten gefunden, so in Liulihe nahe Beijing, auf dem Hügel Yandun im Bezirk Dantu (Jiangsu), im Bezirk Lingyuan (Liaoning), in der Stadt Tunxi (Anhui) und im Bezirk Lingtai (Gansu).

In der frühen Zhou-Periode war die Technik der Bronzebearbeitung noch ziemlich schlecht entwickelt. Nach seinem Sieg über das Königreich der Shang beschlagnahmte König Wu viele Bronzen der Shang und ihrer Vasallenstaaten. Anfänglich waren die Bronzen der Zhou noch sehr stark den traditionellen Stilen der Shang verhaftet; erst später wichen sie davon ab. Sowohl in der Anzahl der gefertigten Bronzegegenstände als auch in der Anzahl der Werkstätten übertraf die Zhou-Dynastie die Shang bei weitem. Während die Shang-Bronzen sorgfältig gearbeitete Ziermotive und dicke Wände aufwiesen, tendierten die Zhou-Bronzen zu einfachen Verzierungen und dünnen Wänden und betonten so die funktionalen Anforderungen. Die unterschiedliche Länge der Inschriften wurde bereits erwähnt.

Detail eines bronzenen Vogelkopfes mit geschupptem Ziermuster.

Die Mehrheit der späten Shang-Inschriften bestand aus ein bis fünf oder sechs Wörtern, die längste hatte nicht mehr als 50 Wörter; bei den Bronzegegenständen der Westlichen Zhou waren hingegen lange und sehr informative Inschriften üblich. Ein *Ding*-Kochgefäß aus der Regierungszeit König Kangs zum Beispiel trägt eine 291 Wörter umfassende Inschrift, und die Inschrift auf dem Mao Gong *Ding* aus der Regierungszeit König Xuans ist 497 Wörter lang. Was die anderen Kunsterzeugnisse betrifft, nimmt die Vielzahl der Weingefäße ab, während erste Beispiele der *Zhong*-Glocke, der großen *Bo*-Glocke, der *Fu*-Speiseplatte, der *Xu*-Speiseplatte sowie Hellebarden, Schwerter und Sensen auftauchen.

Die glasierten Töpferwaren der Zhou weisen gegenüber den Arbeiten der Shang, deren Eigenschaften sie übernahmen, deutlich Fortschritte auf. Sie näherten sich dem Porzellan, insofern sie bei hohen Temperaturen gebrannt wurden; hohe Dichte und niedrige Porosität zeichnen sie aus.

Auch die Lack- und Jadearbeiten gehen einen Schritt über die der Shang hinaus. Elegante Jade-Gegenstände waren hoch geschätzt und wurden vom Adel nicht nur zur Zierde, sondern auch als Ritualgefäße benutzt.

Mit der Verlegung der Hauptstadt nach Osten nahm die Dynastie die Bezeichnung „Östliches Zhou" an; gleichzeitig verlor sie die Kontrolle über mehrere Herzogtümer. Zur selben Zeit begann eine Periode großer Unruhen und tiefgreifender Veränderungen. Dieser Zeitabschnitt ist unter dem Namen „Frühlings-und-Herbst-Epoche“ bekannt; auf ihn folgte das „Zeitalter der Streitenden Reiche“.

Oben und links: *Zwei immer wiederkehrende Ziermotive, die sich in unterschiedlichem Abstraktionsgrad auf primitiven chinesischen Bronzen finden: es handelt sich dabei um den Phönix beziehungsweise um den Vielfraß, die* Taotie.

Die Shang-Dynastie

18. – 12. Jahrhundert v. Chr.

Heutzutage, da ihre Existenz archäologisch hinreichend belegt ist, wird die Shang-Dynastie allgemein als die erste vorkaiserliche chinesische Dynastie bezeichnet. Obwohl es keine schlüssigen Beweise für einen Zusammenhang zwischen den späten neolithischen Kulturen des Großen Beckens, insbesondere der Erlitou-Kultur, und der Xia-Dynastie, der traditionellen Vorläuferin der Shang-Kultur, gibt, sollte daraus nicht geschlossen werden, die Xia-Dynastie habe nur eine mythische Existenz besessen. Schließlich schenkten viele Orientalisten den Erzählungen über die Shang auch erst dann Glauben, als die alten Legenden durch Ausgrabungen bestätigt worden sind, die man in den zwanziger Jahren in Anyang durchführte, der letzten Hauptstadt der Shang, gegründet bald nach 1400 vor Christi Geburt.

Fast während ihrer ganzen Regierungszeit umfaßte das Herrschaftsgebiet der Shang die Provinz Henan, in der hauptsächlich Angehörige des Yi-Stammes lebten, sowie die unmittelbar angrenzenden Gebiete; mit anderen Worten: einen Großteil des Beckens am Unterlauf des Gelben Flusses. Was als einfache Stammesführerschaft begann, entwickelte sich zu einer Macht, der es gelang, für nahezu 450 Jahre sowohl die anderen Völker der Zentralebene als auch die „barbarischen“ Stämme zu unterwerfen: Ur-Türken, Ur-Tibetaner, Ur-Tungusen, die offenbar unterschiedlichen ethnischen Gruppen angehörten.

Wenn wir die Faktengeschichte einmal beiseite lassen, die in allen Einzelheiten noch nicht geklärt ist, stellen sich zwei entscheidende Fragen: Wodurch waren die Shang in der Lage, ihre Oberherrschaft so plötzlich und für einen so langen Zeitraum zu errichten, und worin bestehen ihre wesentlichen Beiträge zur chinesischen Kultur. Die Entwicklung der Bronzebearbeitung mag beide Fragen teilweise beantworten. Wie bereits gesagt wurde, sind die Techniken des Metallgießens und -legierens im Becken am Unterlauf des Gelben Flusses nicht erfunden, sondern von außen eingeführt worden. In diesem Gebiet jedoch, das bereits eine gewisse technologische Vormachtstellung besaß, erkannten einige Stämme, welche Vorteile ihnen die Technik des Metallgießens auf militärischem Gebiet verschaffen konnte, und begannen mit gewerblicher Fertigung. Die ältesten gefundenen Bronzegegenstände sind Waffen: Pfeile, Teile eines Streitwagens und vor allem Hellebarden, die gebräuchlichste Kampfwaffe jener Zeit. Unter ihren mächtigen Anführern entwickelte sich rasch eine städtische Aristokratie aus Kriegern und Jägern; sie waren viel fortschrittlicher als ihre ländlichen Nachbarn, die ihre Ackergeräte noch lange Zeit aus Stein herstellten. Auf dem Gebiet der Stadtarchitektur wurden beachtliche Fortschritte erzielt, und auch die beginnende Naturbeobachtung zeigte Auswirkungen auf die Entwicklung der Bronzeindustrie; so zum Beispiel die Einführung eines Jahrbuches, das die Privilegien der neuen Eliten bei feierlichen Handlungen, Zeremonien und Bestattungen festhielt. Käufer dieser Bronzen waren mächtige Jäger, die nicht selten 300–400 Tiere (Hirsche, Wildschweine, Bären, Tiger) an einem einzigen Tag erlegten. Ebensolche Ereignisse spiegelten sich in den Abbildungen der Bronzen wider, die den ganzen Artenreichtum der natürlichen Tierwelt vertraten.

Die Handwerker begannen allmählich, ihre Meisterstücke mit einem plastischen Zeichen oder einem Emblem zu signieren; des weiteren tauchten zunehmend Widmungen auf. Bis zum Ende der Shang-Zeit waren Widmungen im allgemeinen ziemlich kurz gehalten; sie lauteten etwa: „Meiner ersten Mutter Wu“, „Meinem Vater Gui“ oder „Meinem Großvater Gao“. Die beiden letztgenannten Widmungen kamen häufiger vor; sie bezeugen eine Entwicklung im Ausdruck kindlicher Liebe und im Ahnenkult. Diese Bronzen waren bald keine reinen Gebrauchsgegenstände mehr; aufgrund der ihnen zugesprochenen magischen Kräfte gehörten sie einer umfassenden rituellen Bestattungs- und Opfersphäre an. Obwohl wir von den religiösen Ansichten jener Zeit nur ungenaue Vorstellungen haben, zeigten die Bestattungsriten der vornehmen Schichten eine Prachtentfaltung, welche die verschwenderische Extravaganz am Grabmal des Ersten Kaisers, 12 oder 13 Jahrhunderte später, bereits vorwegnimmt. Wir kennen zahlreiche kostbar ausgestattete Grabkammern, in denen es Bronzen, Menschen- und Tieropfer, Seide, Jade (aus Zentralasien eingeführt) und andere wertvolle Gegenstände im Überfluß gab; vor dieser Pracht standen einst die Grabräuber, die den Wettlauf mit den Archäologen zu den Bestattungsstellen der Shang oft gewonnen haben.

Der Tag wird vielleicht noch kommen, an dem folgende Passage aus dem alten Geschichtswerk *Zuozhuan* (3. Jahr Xuangong) durch neue archäologische Funde bestätigt wird:
„In jener Zeit, als Xia sich durch seine Tugend hervortat, entsandten die entfernt liegenden Gebiete Abbildungen all der Dinge aus ihrer Region, die sie für beachtenswert hielten. Neun Hirten schickten Metall aus ihren Provinzen, und man goß Abbildungen dieser wichtigen Gegenstände; alle waren vertreten. Auch gab es Hinweise und Erläuterungen, damit alle von Kobolden und bösen Dingen erfuhren. So geschah den Menschen kein Leid, wenn sie durch Flüsse, Sümpfe, Hügel und Wälder streiften, und die Bergkobolde, Ungeheuer und Wasserkobolde behelligten die Menschen nicht und taten ihnen nichts Böses. Dies führte zur Eintracht zwischen Niederen und Hohen, und alle genossen die Segnungen des Himmels . . .“

Vielfältige Ritualgefäße

Die dreifüßigen Jia-*Gefäße waren zum Erhitzen oder Servieren von Wein bestimmt. Nebenstehend sind drei Beispiele aus unterschiedlichen Entwicklungsstufen der Shang-Dynastie abgebildet.*

Das Gefäß oben ist mit einer Tiermaske verziert (Höhe 26 cm) und stammt aus den Ausgrabungen von Zhengzhou. In der Mitte sehen wir ein Jia-*Gefäß aus der frühen Anyang-Periode und rechts ein dreifüßiges Gefäß mit zwei senkrecht stehenden Teilen in Gestalt eines Phönix (Höhe 41 cm). Es stammt aus der Zeit der späten Shang-Dynastie und wurde bei den Grabungsarbeiten von Hejia im Gebiet von Qishan in der Provinz Sha'anxi entdeckt.*

Das rechteckige Ding *(Kochgefäß) auf der nächsten Seite ist das wichtigste bronzene Kunsterzeugnis der frühen Shang-Periode. Bei den Grabungsarbeiten von Zhengzhou in der Provinz Henan hat man 1974 zwei solcher Gefäße entdeckt. Sie ähneln sich in Form und Verzierung, haben senkrecht stehende Henkel, einen rechteckigen Gefäßkörper in Form einer Schöpfkelle, zylindrische Füße und sind mit Motiven der* Taotie-*Maske und Beschlagnägeln verziert (Höhe 100 cm, Gewicht 86,4 kg).*

Anstelle des im Westen üblichen Wachsabgußverfahrens, das in China erst zu Beginn unseres Zeitalters gebräuchlich wurde, arbeiteten die chinesischen Bronzegießer mit Gußformen aus Porzellan; trotz des komplizierten Verfahrens schufen sie in kurzer Zeit eine große Vielfalt an Tiermotiven, mit denen ihre Vasen geschmückt wurden. Es würde zu weit führen, hier alle Gefäße (es gäbe davon etwa 50 verschiedene Arten) und Gegenstände aufführen zu wollen, die nach und nach auftauchten, insbesondere seit dem 15. Jahrhundert v. Chr. Einige der stilisierten Motive sind jedoch einer Beschreibung wert, da sie, mit gewissen Variationen, über nahezu 1000 Jahre hin immer wieder vorkommen. Zu nennen wären die Maske des Vielfraßes, die *Taotie,* mit riesigen Augen, aufgrund der Stilisierung manchmal schwer zu erkennen; die *Feng*-Phönixe oder die *Long*-Drachen mit oder ohne Klauen und in der Pose des Zuschlagens. Die Herkunft der glückbringenden Tiere wirft immer noch zahlreiche Probleme auf. Diese phantastischen Masken sind mit Linienmotiven überzogen – Wolken, Blitze, Schuppen (die Muster überschneiden sich gegenseitig) – und besaßen offenbar den Charakter von Votivgaben.

Detail der Verzierung des Zun-*Weinbehälters von Seite 56.*

Nächste Seiten: *Zwei Weinbehälter; auf der linken Seite ein* Zun, *mit dem* Taotie-*Motiv verziert, den man bei den Grabungsarbeiten von Lingbao in der Provinz Henan gefunden hat; rechts ein* You *aus der Zeit der späten Shang-Dynastie.*

Oben: *Chin-Noung-che. Er förderte die Landwirtschaft und trug bei zur Entwicklung der Medizin.*

Die Zhou-Dynastie

11.–4. Jahrhundert v. Chr.

Der Sieg der Zhou über die Shang im Jahre 1027 v. Chr. war nicht das Ergebnis eines Krieges gegen rückständige Barbaren; vielmehr siegten gutorganisierte Adelsfamilien über weniger gut organisierte. So brachte auch die fünfhundertjährige Oberherrschaft der Zhou über die Zentralebene einen höheren sozialen Organisationsgrad und die Festigung der politischen Institutionen mit sich. Die Schrift entwikkelte sich gleichzeitig mit der Notwendigkeit, die Riten zu kodifizieren; dies spiegelt sich in längeren, ausführlicheren Bronzeinschriften und im späteren *Zhouli* (seine endgültige Fassung stammt erst aus dem 4. Jahrhundert v. Chr.), dem Ritualbuch der Zhou, einer Zusammenstellung der Verwaltungstraditionen jener Zeit. Verschiedene Passagen geben uns einen Einblick in die Vielfalt und Genauigkeit dieses Regelwerkes. Dies zum Beispiel sind die Pflichten des Beamten im Zusammenhang mit den *Zun-* und *Yi*-Vasen:

„Er ist für die Aufstellung der sechs *Zun*-Vasen und der sechs *Yi*-Vasen verantwortlich. Er gibt an, wie man sich ihnen gegenüber zu verhalten hat; er weiß um ihren unterschiedlichen Verwendungszweck und Inhalt. So werden im Frühjahr das *Zei*-Opfer und im Sommer das *Yue*-Opfer dargebracht; für die dabei geforderten Trankopfer benutzt man Vasen vom *Yi*-Typus, bekannt als Hahn-Vasen und Vogel-Vasen. Beim morgendlichen Frühzeremoniell werden zwei einfarbige Vasen der *Zun*-Form benutzt. Zum zweiten Opfer des Tages nimmt der Beamte Vasen des gleichen Typus, diesmal jedoch mit Figuren verziert. Unter den verschiedenen Vasen sind auch die *Lui*-Vasen, aus denen die Beamten trinken, wenn der Herrscher sie einlädt ... Neben den Opferungen der vier Jahreszeiten gibt es noch weitere, so zum Beispiel das Opfer der zurückblickenden Betrachtung und das Opfer zum Besuch am Hofe. Im allgemeinen benutzt der Beamte hierbei *Yi*-Vasen, die als „Vase des Tigers" und „Vase des großen Affen" bekannt sind. Beide Vasen haben einen Fuß. Für die Morgenzeremonie nimmt er zwei große *Zun*-Vasen. Beim zweiten Opfer (der 2. Mahlzeit) benutzt er zwei *Zun*-Gebirgsvasen ..."

Gegen Ende des 8. Jahrhunderts griff der Stamm der Quanrong Gaojing, die Hauptstadt der Zhou, an und zwang die Dynastie, nach Osten zu ziehen.

Im Kapitel „Arbeiter, die mit Metall umgehen" liefert uns das *Zhouli* auch Informationen über den Entwicklungsstand der Metallbearbeitung:

„In der Metallbearbeitung kennt man sechs Mischungsverhältnisse. Teilt man Metall in sechs gleiche Teile und ersetzt einen Teil durch Zinn, so erhält man die Mischung für Glocken und Töpfe. Mischt man Metall und Zinn im Verhältnis 4:1, ergibt dies die Mischung für große und kleine Äxte. Bei einem Mischungsverhältnis von 3:1 erhält man das Material für Lanzen und Speerspitzen ... Mischt man Metall und Zinn zu gleichen Teilen, so ergibt dies die richtige Mischung für Metallspiegel."

Die hier erwähnten Bronzespiegel geben dem Wissenschaftler Aufschluß über kosmologische Vorstellungen im alten China, da ihre Rückseiten mit zahlreichen Motiven aus dieser Vorstellungswelt verziert sind. Um noch einmal auf die technologischen Errungenschaften zurückzukommen: es gab beachtliche Fortschritte auf dem Gebiet des Städtebaus – erstmals wurden Städte mit Mauern umgeben – und der Architektur – ziegelgedeckte Dächer. Außerdem wurden in jener Zeit auch die ersten Brunnen gebohrt.

Diese Zun-*Vase (Gefäß für alkoholische Getränke) stellt einen Stier dar. Die herausgestreckte Zunge bildet die Ausgießöffnung, der verschlungene Schwanz den Griff. Der Deckel hat die Form eines Tigers, der zum Sprung ansetzt. Diese realistischen Darstellungen stellen eine bedeutsame Variante dar zu ähnlichen Vasen in Form von Vögeln und mythischen Tieren aus der späten Shang- und frühen Zhou-Zeit (Höhe 24 cm, Länge 38 cm, Gewicht 6,9 kg).*

Ein Gong-Gefäß mit Deckel in Form eines Giraffenkopfes, zwischen dem Gehörn ein kleiner Drache. Der ganze Körper ist mit Phönix-Motiven verziert.

Detail eines bronzenen Zierfigürchens (Höhe 11,2 cm).

Nächste Seite, unten: *Ein quadratischer Yi (Behälter für alkoholische Getränke; Höhe 38,5 cm, Gewicht 12,8 kg) mit Deckel in Form eines Palastdaches. Der Deckel trägt eine Inschrift, die das Gefäß als eines der Zeremoniengefäße ausweist, die Tianshi für seinen verstorbenen Vater Riji anfertigen ließ.*

Links: *Ein* Gui-*Gefäß, hergestellt für Bo Zhong; die Inschrift preist dessen Heldentaten, insbesondere die Befreiung von 114 Männern, die der Feind gefangengenommen hatte.* Unten: *Detail eines Henkels.*

Ein Yi-Gefäß (Höhe 20,5 cm, Gewicht 3,85 kg); es trägt im Deckel und auf dem unteren Teil eine besonders lange Inschrift, die das erste uns bekannte Gerichtsurteil enthält. Es besagt, kurz gefaßt: Im Monat März eines bestimmten Jahres befand Yangfu einen Kuhhirten für schuldig, seinen Treueschwur gebrochen und seinen Herrn fälschlich beschuldigt zu haben; er forderte, daß e 1000 Peitschenhiebe erhalten und zum Tode verurteilt werden solle. Später er hielt er nur 50 Schläge und eine Geld strafe.

Unten: *Ein dreifüßiger Vogel mi Schuppenmotiv am Hals.*

Links: *Eine Hu-Vase, für Ji Fu gefertigt. Die Inschrift hält fest, daß Ji Fu im Palast des Westens einen Orden erhielt.*

Unten: *Das typischste Beispiel einer späten Zhou-Bronze; der Griff hat die Form eines Drachens, der Deckel die Form eines Geiers. Im Deckel befindet sich die Inschrift „Für Tuo gefertigt" (Höhe 37,5 cm, Gewicht 4,6 kg).*

Oben: He-*Gefäß (Höhe 29 cm) mit einer Inschrift über einen Landkauf während der Regierung von König Gong aus der Zhou-Dynastie.*

Könige und Fürsten im Krieg

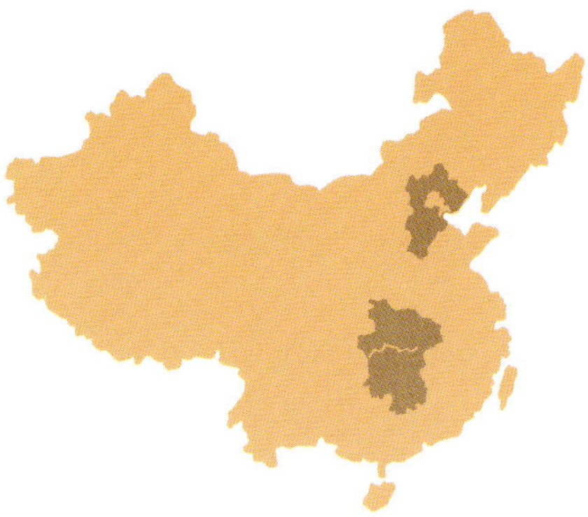

Die Zeit bis 475 v. Chr. nennt man „Frühlings-und-Herbst-Epoche“; die folgende Epoche, bis zum Ende des 3. Jahrhunderts, wird als „Zeitalter der Streitenden Reiche“ bezeichnet; hinsichtlich der politischen Einrichtungen jedoch gibt es keine klare Trennungslinie zwischen diesen altchinesischen Epochen. Die erste verdankt ihren Namen lediglich den „Frühlings-und-Herbst-Annalen“ des Fürstentums Lu in Shandong. Sie werden traditionell Konfuzius zugeschrieben.

Das „Zeitalter der Streitenden Reiche“

Die Metallbearbeitung erreichte während dieser Periode einen hohen Grad an Feinheit, wie die Einlegearbeiten belegen.

Während der „Frühlings-und-Herbst-Epoche“ und des „Zeitalters der Streitenden Reiche“ fing man in China an, Eisen zu gießen und aus diesem Metall hergestellte Werkzeuge zu benutzen. Eisenbarren, eine eiserne Kugel und ein eisernes Schwert hat man in verschiedenen Gräbern aus jener Zeit gefunden. Das Schwert hatte einen Kohlenstoffgehalt von 0,5 – 0,6 % und wies Spuren wiederholten Schmiedens auf – es handelt sich hierbei um das erste derartige Schwert, das je entdeckt wurde. Ein *Ding*-Kessel, der zusammen mit dem Schwert gefunden wurde, war aus gegossenem Eisen; dies zeigt, daß auch auf diesem Gebiet China Europa zwei Jahrhunderte voraus war.

In jüngster Zeit hat man im Gebiet von Daye (Hubei) eine Kupfermine und -gießerei entdeckt. Die Grabungsarbeiten haben sich vor allem auf zwei Gruben und acht Schmelzöfen konzentriert. Die bisher freigelegten Stollen und senkrechten Schmelzöfen weisen fortgeschrittene Kenntnisse über die Prozesse der Kupfergewinnung und des Kupfergießens auf; sie gehen einher mit der Vertrautheit mit den Methoden der Bronzebearbeitung und dem dabei erreichten hohen technischen Niveau.

Im Verlauf dieser Periode zeigt sich in den Werkstätten, die Bronzegegenstände, Keramiken, Jade-Arbeiten und Kunsterzeugnisse aus Knochen und Stein fertigten, eine deutliche Entwicklung; in gewissem Umfang traten regionale Besonderheiten auf. So war zum Beispiel der Staat Chu für seine Lackarbeiten und eisernen Waffen bekannt, die Zentralebenen waren für sehr exquisite Gegenstände mit Gold- und Silbereinlegearbeit verantwortlich, während im unteren Yangzi-Tal die fortgeschrittenen glasierten Keramiken hergestellt wurden.

Während dieser Periode der Ausdehnung, Spezialisierung und feudalen Zersplitterung entstand eine Unmenge Hauptstädte und andere Städte. In den Jahren nach der Gründung der Volksrepublik haben chinesische Archäologen eifrig in einer großen Anzahl dieser Städte gearbeitet und gegraben.

Das 1950 in der Provinz Henan freigelegte Wei-Grab stellt das erste großangelegte Ausgrabungsprojekt seit der Gründung des Neuen China dar. Weitere sehr wichtige Funde hat man in zahlreichen anderen Gräbern gemacht, deren jüngste die des Staates Zhongshan im Gebiet von Pingshan (Hebei) und der des Grafen Yi des Staates Zeng im Gebiet von Suixian (Hubei) sind.

Detail eines Bronzebeckens.

Die Inschriften auf Vasen aus dieser Periode sind insofern von beachtlichem Interesse, als sie Informationen liefern, die nicht in den Annalen enthalten sind – so zum Beispiel die Stammbäume der Könige von Zhongshan und die Ereignisse der Kämpfe zwischen den Staaten Yan, Qi und Zhongshan. Das Bestattungswesen in Zhongshan weist Ähnlichkeiten auf mit dem der Zhongyuan-Region der gleichen Zeit, und die Inschriften auf den Bronzen spiegeln den starken Einfluß dieser Kultur wider.

Die Freilegung des Grabes des Grafen Yi in Leidugun, 3 km nordwestlich der Hauptstadt des Bezirks Suixian (Hubei), im Mai 1978 hat es ermöglicht, die genaue Lage des Staates Zen festzustellen, die bis dahin noch in geheimnisvolles Dunkel gehüllt war. Die Bronzeinschriften legen eine enge Beziehung zum Nachbarstaat Chu nahe. Graf Yi erhielt vom König von Chu eine Sammlung von Ritualbronzen zum Geschenk, und die Fürsten (mit dem offiziellen Titel Lingyi) und Adeligen kümmerten sich persönlich um das Begräbnis.

Mehr als 7000 Gegenstände hat man aus dem Grab des Grafen Yi geborgen, das auf das Jahr 433 v. Chr. oder etwas später datiert wird. Besonders bemerkenswert unter diesen Gegenständen sind die verschiedenen Musikinstrumente: eine Reihe von 64 *Bian Zhong*-Glokken und eine große *Bo Zhong*-Glocke wurden unversehrt, an ihrem

Träger hängend, gefunden. Die Rückseite jeder Glocke trug eine Inschrift, welche die Tonhöhe und die Bezeichnung der einzelnen Tonalsysteme angab sowie Informationen enthielt, welche die im Staat Zeng gebräuchliche Notenschrift mit der in den Staaten Chu, Zhou, Qi, Jin und noch anderen geläufigen Notenschriften in Beziehung setzte.

Bei Jinancheng, einer Stadt im Staate Chu, hat man eine große Menge an Bambus-, Lack- und Holzgegenständen gefunden.

Zusammengenommen wiegen die Bronzen aus dem Grab des Grafen Yi nicht weniger als 10 t, unter diesen Bronzen sind zwei *Fou*-Gefäße von 1,3 m Höhe, von denen jedes 300 kg wiegt. Seit 1951 erforscht das Archäologische Institut der chinesischen Akademie der Wissenschaften eine Reihe von Chu-Gräbern in Changsha in der Provinz Hunan. Seit den sechziger Jahren wurden in Jinan, der Hauptstadt des Staates Chu, Grabungen durchgeführt, bei denen Archäologen des Provinzmuseums von Hubei das Portal nordwestlich der Mauern und die Lage eines Palastes entdeckt haben. Die in jüngster Zeit durchgeführten Untersuchungen des Gebiets zwischen dem Mittellauf des Flusses Changjiang und dem Tal des Flusses Juzhanghe westlich des Changjiang und Hanshui haben zahlreiche Entdeckungen zutage gebracht, die für die Frage nach dem Ursprung der Chu-Kultur von Bedeutung sind. Bei Jinancheng, nördlich der Bezirkshauptstadt Jangling in Hubei, finden sich Mauern aus gepreßter Erde, in der Form mehr oder weniger quadratisch und immer noch in gutem Zustand. Im Umkreis der Stadt verteilt finden sich verschiedene Chu-Gräber. Sie sind von hochkompliziertem Aufbau, im allgemeinen von einem Grabhügel bedeckt und durch hölzerne Zwischenwände unterteilt. Jedes Grab enthält zwei oder drei Särge. Die Vielfalt der Formen und die fein gearbeiteten Ziermotive legen nahe, daß die Kunst der Lackarbeiten im Staat Chu eine Blüte erreichte.

Aus einem Chu-Grab in Wangshan, 7 km nordwestlich von Jinancheng, wurde die stattliche Anzahl von über 700 Bestattungsgegenständen zutage gebracht, darunter Bambusstäbe, auf denen Wahrsagungen und Opferungen des Grabbesitzers aufgezeichnet waren, sowie ein gravierter und bemalter Sockel und eine große Spange mit Einlegearbeit aus Gold und Silber.

Unter den Funden der Chu-Gräber von Wangshan ist auch das berühmte Bronzeschwert des Yue-Königs Gou Jian. Das Schwert ist 60,8 cm lang, mit Flachreliefrauten verziert und erweckt den Eindruck, als komme es gerade erst aus dem Schmelzofen. Yue-Bronzeschwerter waren zu jener Zeit in ganz China berühmt und wurden unter den Fürsten als kostbare Geschenke ausgetauscht. Im vorliegenden Fall nahm der Chu-König Zhao die Tochter des Yue-Königs

Gou Jian zur Frau, und das Schwert war vermutlich eines der Hochzeitsgeschenke. Man fand es im Grab eines adeligen treuen Dieners König Zhaos, dem es der Monarch vermutlich selbst gegeben hatte.

In der Übergangszeit zwischen der „Frühlings-und-Herbst-Epoche" und dem „Zeitalter der Streitenden Reiche" spiegeln sich soziale Veränderungen im Aufbau der Gräber und in der Anzahl der in ihnen verborgenen Gegenstände wider. Die Ritualgefäße (vor allem die

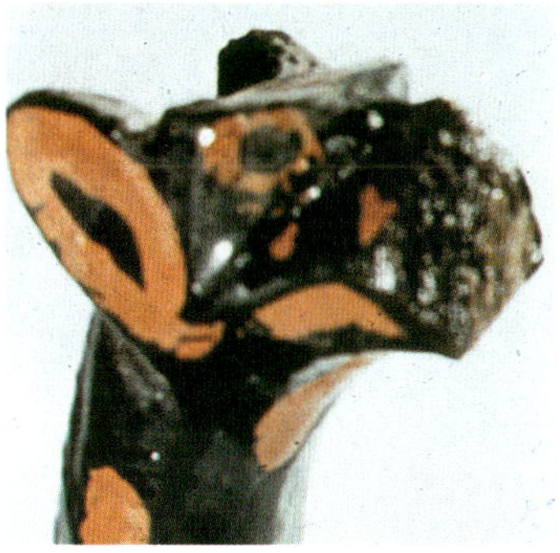

Bei archäologischen Ausgrabungen in Gebieten, die zum Staatsgebiet von Zhongshan und Chu gehört hatten, hat man in jüngster Zeit unzählige Kunsterzeugnisse aus Bronze, Lack und Jade gefunden.

Ding), das Vorrecht königlicher und adeliger Gräber, weichen einer steigenden Anzahl von kostbaren Gegenständen; die Gefäße selbst finden sich von nun an auch in den Gräbern einfacher Bürger. In den Chu-Gräbern auf dem Hügel Zhuogong, in den Städten Changsha und Chantaiguan und der Stadt Xinyang beispielsweise kommen bemalte hölzerne Kunstgegenstände wesentlich häufiger vor als Ritualgefäße, die in der Vergangenheit den sozialen Stand des Adels gekennzeichnet hatten; diese Tatsache legt die Vermutung nahe, daß sich die allgemeine Auffassung von Reichtum und Ehre im Vergleich zu den vorangegangenen Zeitaltern deutlich geändert hatte.

Im südlichen China brachte der König des Staates Chu während der „Frühling-und-Herbst-Periode“ das ganze Gebiet des oberen und unteren Yangzi unter seine Herrschaft. Chinesische Archäologen haben in Hunan und Hubei viele Fundstätten freigelegt; die dort gefundenen Objekte haben uns eine Fülle von Informationen über die Chu-Kultur geschenkt.

Das „Zeitalter der Streitenden Reiche“

5.–3. Jahrhundert v. Chr.

Der Staatsaufbau der Zhou schien sehr stabil zu sein: an der Spitze einer strengen Hierarchie stand ein Monarch, den man bereits „Sohn des Himmels“ *(Tianzi)* nannte, da er behauptete, er habe seine Macht von den Herrschern über die Naturgesetze erhalten. Nach gesellschaftlichem Stand abgestufte Privilegien und rituelle Opferhandlungen, die auf die Bedeutung eines Amtes oder Lehens abgestimmt waren, schweißten den zunehmend zentralisierten Staat stärker zusammen als Waffen. Allmählich jedoch machten die im Tal des Wei an das Königsland angrenzenden Fürstentümer Schwierigkeiten, und der Einfluß der Zhou wurde langsam auf die Rolle von Schlichtern zwischen den einzelnen Gebietsherrschern eingeschränkt. Durch eine aggressive Expansionspolitik dehnten diese Herrscher ihre Einflußbereiche aus. Gegen Ende des 8. Jahrhunderts hatten die Zhou ihre Hauptstadt etwas weiter flußabwärts im Tal des Gelben Flusses verlegt; sie waren jetzt nur noch ein zentral gelegener Staat unter anderen Staaten. Es folgte eine Zeit militärischer und politischer Unsicherheit, die fünf Jahrzehnte andauern sollte; diese Zeit war ge-

Die gesamte Periode war von heftigen Konflikten, inneren Kämpfen und Angriffen von außen gekennzeichnet. Hier wehrt General Yan Guang vom Staat Zhou die Invasion der Xiongnu-Nomaden ab.

kennzeichnet durch wechselnde Staatenbündnisse, in deren Folge lokale Mächte auftauchten und wieder verschwanden.

Die Rivalitäten zwischen den chinesischen Einzelstaaten sollten sie einander näherbringen – sowohl im Bereich der Institutionen als

Die Strategien der regionalen Herrscher jener Zeit erinnern in ihrer Komplexität an ein chinesisches Schachspiel. Die folgende Passage aus der Zhanguo-Chronik („Erinnerungen der kriegführenden Staaten") mag als Beispiel dafür dienen:

„Der Fürst Wen aus Wei bat Zhao um Erlaubnis, sein Land durchqueren zu dürfen, da er nur so Zhongshan angreifen konnte. Als Zhao gerade ablehnen wollte, sagte Zhao Li: ‚Das wäre ein Fehler. Denn falls das Land Wei angreift und Zhongshan nicht einnehmen kann, wird allein der Versuch den Angreifer schwächen, wodurch nun Zhao an Macht gewinnt. Falls Wei aber Zhongshan erobern sollte, wird es doch nie den Frieden im ganzen Gebiet von Zhao aufrechterhalten können. Wei wird also gezwungen sein, Truppen einzusetzen, und Zhao wird Land gewinnen. Du würdest mithin gut daran tun, ihnen den Durchzug zu erlauben ... Zhao erhoffe sich davon Vorteile und werde seine Truppen zurückrufen. Es wäre für Eure Majestät das Beste, sie passieren zu lassen und sie zu überzeugen, daß Ihr weiter nichts tun könnt.'"

auch in der Lebensweise. Hierzu trugen auch verschiedene Ereignisse bei, die für den kulturellen Fortschritt entscheidend waren. Etwa um das Jahr 500 v. Chr. wurde das Eisen entdeckt und bald auch zur Herstellung von Ackergerät verwendet; auch auf dem Gebiet der Bewässerung und ganz allgemein im Ackerbau wurden Verbesserungen erzielt. Dies führte unmittelbar zu gewaltigen Produktionssteigerungen und zum Wohlstand der Bauern.

Der steigende Wohlstand spiegelt sich in Luxusgegenständen wider, die in Gold oder Silber gefaßt waren, und in der Verbreitung von Lackarbeiten (Lackwaren) – einst das Vorrecht der Eliten – unter den vermögenden Schichten. Jade-, Glas- und Webarbeiten, ganz allgemein alle handwerklich hergestellten Gegenstände, erfuhren einen gewaltigen Aufschwung. Die Bronzen wurden leichter, einfacher in der Form, während die Motive spärlicher und symbolträchtiger wurden. Die Architektur wurde anspruchsvoller; die Häuser der führenden Persönlichkeiten einer Stadt waren mit Ziegeln gedeckt, die Tiermotive oder stilisierte Motive aufwiesen.

Das Leben in den Fürstentümern spielte sich mehr und mehr in der Umgebung der Hauptstadt und anderen großen Zentren ab. Dort versammelte sich die Aristokratie; dort ließ der Herrscher Münzen prägen, von dort entsandte er seine Beamten in immer besser verwaltete Gebiete und regierte sein Königreich. Je nach den äußeren Umständen verstärkte oder minderte sich der Einfluß der Städte, die von

Wiederaufgebaute Häuserreihe in Handan (Hebei), das angeblich von Wu, dem König von Zhou, erbaut wurde.*

starken Befestigungsanlagen aus gepreßter Erde umgeben waren, welche bisweilen mehrere Kilometer lang waren.

Weitere Befestigungsanlagen wurden nach und nach an den Grenzen von Einflußbereichen errichtet, um Angriffe neidischer Nachbarn abzuwehren. Schließlich begann man im Norden, im Gebiet der heutigen Provinzen Shanxi und Hebei, mit dem Bau von mehrere hundert Kilometer langen Befestigungsmauern zum Schutz vor den Völkern Nordwestchinas und vor umherziehenden Hirtenstämmen, die sich zu gefürchteten Reitern entwickelt hatten. Unter dem Ersten Kaiser wurden viele dieser nördlichen Befestigungsanlagen wiederaufgebaut und zur Großen Mauer zusammengefügt.

Auch zwischen den Fürstentümern der Zentralebene gab es regionale Unterschiede, so zum Beispiel zwischen den Bewohnern der Seegebiete im heutigen Shandong und den Hubei aus Chu oder Shenxi, dem Land der Qin, die noch wilde Stämme waren. Obwohl sich die einzelnen Fürstentümer in den Randgebieten hinsichtlich geographischer Lage und Wirtschaftsform unterscheiden, ähneln sich doch ihre Geschichte und ihre kulturelle Entwicklung. Sie alle waren keine Nomaden, sondern seßhaft; hinzu kommt, daß sie durch Kriegsereignisse oftmals mit benachbarten Regionalkulturen in Berührung kamen. So bildete sich allmählich eine solide Basis für eine chinesische Identität, gestützt auf Anerkennung und Hochschätzung der Riten, religiösen Vorstellungen und politischen Institutionen und auf ein gemeinsames Schriftsystem. Die chinesische Mentalität ist seither jedoch sehr stark von Lokalgeist geprägt, und auch heute noch legt jeder Chinese größten Wert auf seine Herkunft.

Nächste Seite: *Dies ist das älteste bisher in China gefundene Beispiel von Seidenmalerei. Es wurde in einem Chu-Grab bei Changsha gefunden und zeigt den Verstorbenen, wie er, auf einem Drachen sitzend, nach seinem Tod zum Himmel emporsteigt.*

Das 1978 freigelegte Grab 1 von Tianxingguan auf dem Gebiet Chus enthielt – trotz mehrmaliger Plünderung im Laufe der Jahrhunderte – noch über 2500 Gegenstände unterschiedlichster Art. Nebenstehend sehen wir einen Trommelständer aus mehrfarbiger Lackarbeit in Gestalt zweier Phönixe, die auf zwei ausgestreckten Tigern ruhen.

Die nächste Seite zeigt einen prächtig gearbeiteten Lacklöffel (Länge 13,3 cm); die Inschrift besagt, daß er im Staat Chu hergestellt wurde.

Die bei Yunmeng in der Provinz Hubei freigelegten Gräber haben zahlreiche, für den Staat Chu typische Kunsterzeugnisse zutage gebracht. Das Gebiet wurde 279 v. Chr. von den Qin erobert und wurde daraufhin Präfektur der Qin. Grab 11 von Shuihudi enthielt die auf diesen Seiten abgebildeten Gegenstände. Die Bambusstreifen (insgesamt über 1100 Stück) tragen den unter der Qin-Dynastie gültigen Gesetzeskodex. Die Abbildung zeigt ein Dokument des Präfekten Deng von Nanjun im 20. Jahr der Regierung Qin Shi Huangdis (227 v. Chr.).

Oben: *Ein Lackkästchen (Höhe 18 cm): innen schwarz, die äußere Oberfläche rot, mit stilisierten Phönixen, Wolken und geometrischen Elementen verziert.*

Unten: *Ein zylindrischer* Zhi-*Weinbecher mit ringförmigem Griff (Höhe 12 cm, Durchmesser 12,5 cm) in mehrfarbiger Lackarbeit.*

Lackiertes Yu-Gefäß (Höhe 8,8 cm, Durchmesser 29 cm) mit geometrischen Motiven rings um den Rand, am Boden zwei Fische und ein Phönix.

Hubei

„Aufregungen im Herbstwind:
Die Wellen des
Dongting-Sees
schlagen hoch,
Blätter fallen
von den Bäumen.
Mein Blick schweift unruhig
über das weiße Riedgras;
Im Dunkel,
das sich langsam ausbreitet,
treffe ich mich
mit der Schönheit."

Bevor es 277 v. Chr. dem mächtigen Staat Qin in die Hände fiel, war das heutige Hubei das Zentrum des Königreiches Chu. Der Name dieser Provinz bedeutet „nördlich des Sees" und bezieht sich auf das Labyrinth an Seen, die den Dongting-See bilden und zusammen mit dem Mittellauf des Yangzi dieser südlichen Provinz ihr charakteristisches, leicht nebliges Aussehen verleihen. Jahrhunderte später sollte dieser Umstand die Wasserfarbentechniken der Landschaftsmaler beeinflussen.

Das Königreich Chu unterschied sich von den „zentralen Königreichen" (Jin, Wei, Zhou) jedoch auch in anderer Hinsicht: es war weniger homogen, seine aus Fischern und Jägern bestehende Bevölkerung hielt an einer strengen Schamanentradition fest, in der sich Überzeugungen entwickelten, die vermutlich wenig gemeinsam hatten mit den im Gebiet des Gelben Flusses oder in den Nachbarstaaten Wu und Yue am Unterlauf des Yangzi vorherrschenden Ansichten. Aus der Han-Periode liegen uns dank der Funde von Mawangdui nahe Changsha in Hunan, auf die wir später zurückkommen werden, zu solchen Fragestellungen mehr Informationen vor. Jedenfalls weiß man, daß dieses Gebiet während des „Zeitalters der Streitenden Reiche" aufgrund seiner Großzügigkeit eine wirtschaftliche Blüte erreichte, obwohl die Region auch in diesem Bereich ungewöhnliche Merkmale aufwies: Kaurimuscheln waren Zahlungsmittel, wohingegen alle anderen Staaten Währungen eingeführt hatten, die auf Messerklingen oder Spatenblättern oder – sogar schon zu diesem frühen Zeitpunkt – auf runden Scheiben mit einem Loch in der Mitte beruhten. Im täglichen Leben wurden häufig Lackgegenstände benutzt, die sich im warmen, feuchten Klima Hubeis besonders gut erhalten haben. Die bisher gefundenen, bei Bestattungen gebräuchlichen Lackarbeiten liefern uns Informationen über die erstaunliche Vielfalt des Tierlebens, darunter auch über mythologische wilde Tiere, die den zentralen Inhalt der Lackarbeiten bilden.

Das Königreich Chu war nicht nur aufgrund seines wirtschaftlichen Wohlstandes so voller Leben. Es profitierte auch von einem Zustand relativen Friedens, den es seiner abgeschiedenen Lage und den Schwierigkeiten verdankte, die sein ausgedehntes Netz von Seen und Flußläufen jedem Eindringling bot.

Von den bisher in Hubei durchgeführten archäologischen Untersuchungen spiegeln einige diese Pracht wider, und es steht außer Zweifel, daß zukünftige Entdeckungen dies noch bestätigen werden, trotz der ungünstigen Auswirkungen der in diesem Gebiet vorherrschenden Feuchtigkeit auf den Zustand der Gräber.

Wertvolle Zeugen einer barbarischen Kultur

Die Überreste der Stadt Lingshou, der Hauptstadt des Staates Zhongshan, und der Gräber ihrer Fürsten hat man im Gebiet von Pingshan in der Provinz Hebei gefunden (unten).

Das Königreich Zhongshan ist ein gutes Beispiel dafür, wie wilde Stämme (in diesem Fall die Di) chinesische Sitten und Institutionen übernommen haben. Zhongshan, ein kleines Fürstentum im Gebiet der heutigen Provinz Hebei, war damals von den mächtigen Königreichen der Qi in Shandong, Yan in Nord-Hebei und Zhao in Süd-Hebei umgeben. Historische Quellen belegen, daß dieser Staat im Jahre 414 v. Chr. offiziell gegründet und etwa ein Jahrhundert später, im Jahre 296 v. Chr., von seinem Nachbarn Zhao zerstört wurde.

Rechts: *Bronzene Zubehörteile für ein Zelt: Pflöcke und die Spitze der Mittelstange.*

Nächste Seite: *Jade-Figürchen von Damen mit der charakteristischen Ochsenhorn-Haartracht und Kleidung mit eng anliegenden Ärmeln. Das Figürchen, dessen Haare auf der Kopfmitte zusammengebunden sind, stellt ein Kind dar (Höhe 2,5 cm).*
Topasanhänger mit Loch (Durchmesser 6,5 cm): drei Drachen umkreisen den mittleren Ring.

Nachdem man durch Zufall Königsgräber entdeckt hatte, wurden seit 1974 Grabungen durchgeführt, die 20 000 Fundobjekte zutage gefördert haben. Unter diesen Gegenständen sind zweifellos diejenigen die schönsten, die eine genaue Wiedergabe der Bestattungspraktiken mit dem hohen technischen Können der Bronzehandwerker verbinden, sowohl was Harmonie und Geschmeidigkeit der Ziermotive (einige davon sind Einlegearbeiten) als auch was die Neuheit der Themen betrifft: Darstellungen von Palast- und Kampfszenen. Die Tierbronzen verweisen

schon auf die mächtigen Geschöpfe der großen Steinskulptur der Han; die menschlichen Gestalten hingegen – sie nahmen möglicherweise die Stelle geopferter Sklaven, Diener oder Gefangener ein – sind in der Behandlung der Gesichtszüge und des Faltenwurfs der Kleidung als Vorbild für die Kunst am Grabmal des Ersten Kaisers anzusehen.

Rechts: *Eine flache* Hu-*Vase (Höhe 45,9 cm), am Hals zwei Ösen, auf dem Deckel drei Ringe. Nach 2 300 Jahren fand man sie noch mit Wein gefüllt.*

Rechts außen: *Ein schwarzer* Ding-*Dreifuß aus Steingut (Höhe 41 cm).*

Unten: *Eine* Pen-*Schale (Höhe 46,8 cm, Durchmesser 60 cm); in der Schale befindet sich auf einer kleinen Säule ein Adler, der zum Flug ansetzt.*

Nächste Seite: *Eine quadratische* Hu-*Vase (Höhe 45,4 cm) mit fortlaufender geometrischer Inkrustation.*

Stütze für einen Wandschirm in Form eines Tieres mit Gold- und Silbereinlegearbeit (Höhe 21,5 cm). Das (untere) Ende des Wandschirms wurde senkrecht eingesetzt.

Rechte Seite: *Geflügelte Drachen mit Silbereinlegearbeit (Höhe 45,4 cm).*

Weingefäß mit außergewöhnlich eleganten Verzierungen. Drei Reihen von Drachen, umgeben von mythologischen Ungeheuern, jagen einander; sie werden durch Scharen von Ochsen, Rhinozerossen, Tigern und Leoparden getrennt. Die Ausbauchung ziert ein Tiermaske, die einen sich windenden Drachen im Maul hält.

Den unteren Teil (des Gefäßes) verziert eine Gruppe wilder Gänse, der Fußrand weist Borten und Muschelmotive auf. Die Genauigkeit und Fülle der Verzierungen machen ihn wohl zu einem der hervorstechendsten Bronzegegenstände der späten „Frühling-und-Herbst-Periode".

Das Grab des Ersten Kaisers

„Zu Beginn seiner erleuchteten Herrschaft gestaltete er den Staat neu und bestrafte die Tyrannen über die Grenzen von Qin hinaus;
Seine gesteigerte Macht ließ die Grenzen der Welt erzittern und die sechs Fürsten zusammenbrechen;
Dann einte er alles unter dem Himmel; er trieb das Böse aus und unterbrach alle Kriege.
Die Rechtschaffenheit des Kaisers erstrahlt! Er regiert die Welt durch sein ständiges Bemühen,
Er legte für alle Dinge die ihnen gemäße Bedeutung fest und ordnete an, wie sie aufgezeichnet werden sollten."

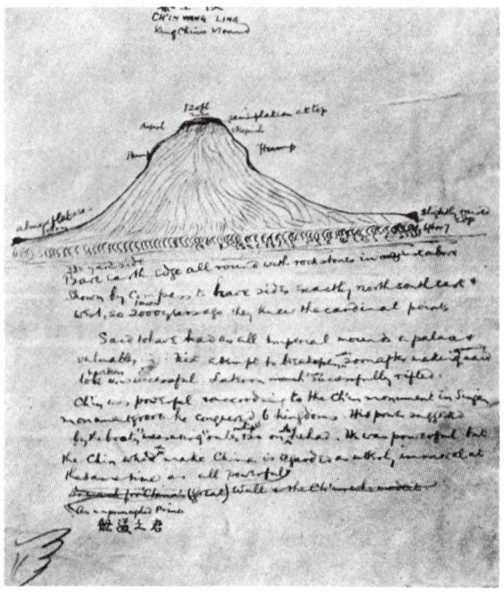

Skizze des Grabhügels Qin Shi Huangdis mit Anmerkungen des amerikanischen Forschers W. E. Geil, der als einer der ersten genaue Informationen darüber erwarb.

Im März 1974 fanden Bauern bei Brunnenbohrungen im Gebiet von Lintong (Sha'anxi) zufällig große Mengen von Terrakotta-Bruchstükken. Bei den darauffolgenden archäologischen Ausgrabungen stellte man fest, daß die Funde aus dem Grab Qin Shi Huangs stammten, des Ersten Kaisers der Qin-Dynastie; dies führte zu einer der außergewöhnlichsten archäologischen Entdeckungen aller Zeiten.

Der spätere Erste Kaiser wurde 259 v. Chr. geboren und bestieg den Thron im Alter von 13 Jahren. Der junge König besiegte und unterwarf die Sechs Staaten im Osten seines Königreiches, beendete damit das „Zeitalter der Streitenden Reiche" und führte China zum ersten Mal als politische und kulturelle Einheit mit zentralisierter Verwaltung zusammen.

Historische Dokumente belegen, daß die Arbeiten an Qins Grabmal zu dem Zeitpunkt begannen, als er den kaiserlichen Thron bestieg, und bei seinem Tode noch nicht abgeschlossen waren; das

Grabmal wurde zwei Jahre später von Hu Huai, seinem Sohn und Erben, fertiggestellt. An dem gewaltigen Komplex wurde insgesamt etwa 38 Jahre lang gebaut; 700000 Arbeiter waren dort beschäftigt.

Das Grab liegt 24 km östlich von Xi'an am nördlichen Ufer des Flusses Wei, nordöstlich des Lishan. Das kaiserliche Mausoleum wird von einem 47 m hohen Grabhügel bedeckt; man hat die Überreste einer inneren und einer äußeren Umgrenzungsmauer – die eine bildet ein Rechteck, die andere ein Quadrat – sowie Spuren verschiedener Gebäude und Paläste gefunden. 1500 m von der östlichen Mauer entfernt befinden sich auf einem insgesamt 20000 m² umfassenden Gebiet drei Gruben, die eine Terrakotta-Armee enthalten. Tausende von lebensgroßen Soldaten sind in Schlachtordnung aufgestellt, den Blick nach Osten, um jeden Eindringling zurückzuwerfen; sie sollten den Eingang zum Grab des Kaisers schützen. So wie Qin zu seinen Lebzeiten eine riesige Armee zum Schutz seiner Hauptstadt Xianyang unterhielt, so sollte eine beeindruckende kaiserliche Wache ihn im Tod umgeben und schützen. Die Entdeckung einer vierten Grube legt die Vermutung nahe, daß der ganze Komplex beim Sturz der Qin-Dynastie noch nicht fertiggestellt war.

Die lebensgroßen Figuren der unterirdischen Armee wurden in überraschend gutem Zustand gefunden.

Die Gruben liegen 5–7 m unter der Erde; die ursprünglichen hölzernen Konstruktionen, die sie einst umgaben, wurden vermutlich in den Jahren, die seine (= Qins) Herrschaft beendeten, zerstört. Grube 1 ist rechteckig und mißt von Osten nach Westen 210 m und von Norden nach Süden 62 m. Sie enthält über 6000 Figuren, an der Spitze 3 Reihen von Bogenschützen und Armbrustschützen, in der Mitte bewaffnete Infanterie und an den Seiten und hinter ihnen 3 Reihen pferdegezogener Streitwagen und Infanterie in wechselnder Reihe. Den Zug beschließt 1 Reihe von Bogenschützen, die nach außen blikken.

Die Krieger und Pferde sind aus rohem grauem Ton gefertigt und bei hohen Temperaturen gebrannt. Sie sind nicht in Formen gegossen, sondern einzeln modelliert. Köpfe, Arme und Rümpfe der Krieger wurden getrennt hergestellt und dann mit Tonstreifen zusammengefügt. Die hohlen Köpfe und Rümpfe ruhen auf massiven Tonbeinen.

Grube 2 liegt 25 m nördlich vom östlichen Ende der Grube 1; sie mißt 96 m von Ost nach West und 84 m von Nord nach Süd und enthielt hauptsächlich Streitwagen, Kavallerie und Infanterie. Auf der linken Seite der Formation befinden sich 8 Kolonnen von berittenen Bogenschützen, umgeben von 172 Bogenschützen zu Fuß in der Formation, um einen angreifenden Feind zurückzuschlagen; dazwischen knien Soldaten. Südlich dieser Formation sind 8 Kolonnen von je 8 Streitwagen, jeweils von 4 Pferden gezogen, mit 1 Wagenlenker und 2 Soldaten. In der Mitte der Gruppe befindet sich eine rechteckige Formation von 19 Streitwagen in 2 Kolonnen, die von 264 Fußsoldaten begleitet werden. Die Nachhut bilden 8 gesattelte Pferde.

Die dritte Grube befindet sich 25 m nordwestlich von Grube 1 und 120 m östlich von Grube 2. Sie hat die Form eines „U" und ist mit nur 25 m^2 die kleinste der drei. In der Mitte befindet sich ein geschlossener Wagen, von 4 Pferden gezogen und von einer Infanterieeskorte begleitet. In den nördlichen und südlichen Räumen stehen 64 Fußsoldaten mit Lanzen; sie blicken zur Mitte hin und bilden vermutlich eine Ehrenwache. Es hat den Anschein, daß die Grube einem Militärgrab nachgebildet wurde. Die Terrakotta-Soldaten scheinen von höherem Dienstgrad zu sein; möglicherweise handelt es sich um das Hauptquartier der Armee.

Die Ausgrabungen von 1974 brachten eine vollständige Bestattungsarmee zutage, die das Grabmal des Ersten Kaisers bewachte. Sie bestand aus fast 7000 Terrakotta-Soldaten und 10000 Waffen. Die Reihen der Statuen gliedern sich in drei Gruppen: Vorhut, Haupttrupp und Nachhut.

Mitte der siebziger Jahre hat man in Hubei, einem Gebiet, in dem 229 v. Chr. kaiserliche Truppen lebten, 12 Qin-Gräber freigelegt. Die dort gefundenen Lack- und Keramikarbeiten zeigen den Einfluß der Qin-Kultur. In Grab elf Shuihudi aus dem 13. Jahr der Herrschaft Qin Shi Huangs hat man 115 Bambusstreifen gefunden, die wertvolle Informationen über militärische Feldzüge, das Rechtssystem und die Wirtschaft der Qin liefern.

Im Oktober 1980 hat man westlich des Qin-Mausoleums 2 große geschlossene Streitwagen aus Bronze ausgegraben. Sie wurden von je 4 Pferden gezogen; die Wagenlenker waren in prächtiger Uniform und trugen ein Schwert. Die Bronzen erreichen etwa halbe Lebensgröße (328,4 cm Länge und 104,2 cm Höhe). Um ihnen größeren Realismus zu verleihen, hatte man die hochdifferenziert gearbeiteten Gußstücke farbig abschattiert. Pferde und Wagen waren in Gold und Silber gehalten.

Die Entdeckung dieser Bronzen hat frühere Hypothesen über das technologische Niveau der Qin bei der Bronzebearbeitung in Frage gestellt. Umfang und anspruchsvoller Stil des kaiserlichen Mausoleums machen eine radikale Revision der Einschätzung dieser Periode sowohl aus historischer als auch aus archäologischer Sicht notwendig.

„Als der Erste Kaiser König von Chin wurde,
begann man mit Aushub und Bauen am Berg Li;
und als er das Reich errungen hatte,
arbeiteten dort über 700 000 Zwangsarbeiter aus allen Landesteilen.
Sie gruben sich durch drei unterirdische Flüsse hindurch
und gossen flüssiges Kupfer für den äußeren Sarg,
und das Grabmal füllte sich mit Modellen von Palästen, Pavillons und Amtsgebäuden
sowie schönen Gefäßen, wertvollen Steinen und Kostbarkeiten.

Handwerkern befahl man, Armbrüste zu bauen, damit jeder Dieb, der versuchte einzubrechen, erschossen werden konnte.
Alle Flüsse des Landes, der Gelbe Fluß und der Yangzi, wurden in Quecksilber nachgebildet;
eine mechanische Vorrichtung ließ sie in einen Miniaturozean münden.
Oben wurden die himmlischen Sternbilder gezeigt und darunter die Gebiete der Erde.
Kerzen wurden aus Walöl hergestellt, damit sie so lange wie möglich brannten."

Qin Shi Huangdi

221–210 v. Chr.

Jia Yi (201–169), Dichter und Staatsmann des Ersten Han, beurteilt in seinem Werk *Guo Qin lun* (Die Fehler Qins) die bilderstürmende erste kaiserliche Dynastie folgendermaßen:

„... nachdem die Dynastie Herrscherin über ein Weltreich geworden war und sich in Windeseile Geltung verschafft hatte, stellte sich ihr nur ein einziger Bürger entgegen, und ihre angestammten Tempel stürzten ein, ihr Herrscher starb durch die Hand seiner Diener, und sie wurde zum Gespött der Welt. Warum? Es war ihr nicht gelungen, mit Menschlichkeit und Rechtschaffenheit zu regieren und zu erkennen, daß die Fähigkeit zu erobern und die Fähigkeit, das auf diese Art Erworbene zu bewahren, nicht die gleiche ist."

Mißachtung der Menschlichkeit *(ren)*, der Kardinaltugend des Konfuzianismus, und eine extrem starre Führung der Staatsangelegenheiten kennzeichnen das Königreich Qin seit seiner Entstehung im Jahre 624 v. Chr. Vom Jahre 221 (v. Chr.) an baute der Erste Kaiser eine bis ins kleinste Detail autoritäre Regierung auf; er griff dabei auf die politische Tradition seines Königreiches zurück, die von der Philosophie der legalistischen Schule stark beeinflußt war und so zentrale Persönlichkeiten dieser Schule wie Shang Yang (4. Jahrhundert) mit einschloß. Die eiserne Hand, die Qin zu seinem Höhepunkt – und zu seinem Fall – führte, machte aus ihm eine Art Cäsar mit einer großen Portion Machiavelli, der sich viel mit Symbolismus und Anstandsformen beschäftigte. Obwohl er vermutlich unehelicher Herkunft war, hatte er einerseits das Glück, gerade im Jahre 246 an die Macht zu kommen, als das Königreich Ch'in, das im Tal des Wei lag, seine militärische Vorherrschaft eben etablierte, und andererseits das Glück, von gleichgesinnten Ministern umgeben zu sein.

Die „Historischen Memoiren des Sima Qian", zu Beginn des 1. Jahrhunderts v. Chr. fertiggestellt, liefern uns ausführliche Informationen über Leben und Werk dieses Herrschers. Die ersten Jahre seiner Regierungszeit waren durch vielversprechende militärische Feldzüge gekennzeichnet und, so Sima Qian, vor allem durch glückverheißende Naturphänomene wie Kometen. Nachdem er Verschwörungen und Aufstände blutig niedergeschlagen hatte, stellte der Mann, der eigent-

Qin Shi Huangdi. Zu seiner Regierungszeit wurde die Große Mauer gebaut, um das Land gegen Angriffe aus dem Norden zu schützen.

„. . . diese überheblichen Gelehrten kommen zusammen, um die Gesetze zu verleumden
und jeden neuen Erlaß gemäß ihrer eigenen Denkweise zu beurteilen –
in ihrem Herzen sind sie insgeheim dagegen, aber auf der Straße diskutieren sie offen darüber . . .
Ich schlage unterwürfig vor, alle geschichtlichen Aufzeichnungen zu verbrennen, bis auf die Aufzeichnungen Chins . . .
Wer es im Gespräch wagt, alte Lieder und Berichte zu zitieren, soll öffentlich hingerichtet werden . . ."

lich immer noch nur König von Qin war, diejenigen seiner Ratgeber, die ihm nicht länger treu ergeben waren, geschickt als Kriminelle hin. Etwa im Jahre 237 sagte ein besonders kühner Ratgeber von ihm:

„Der König von Qin ist ein Mann mit hervorstehender Nase, großen Augen, der Brust eines Raubvogels und der Stimme eines Scha-

Der Grabhügel des Ersten Kaisers, etwa 5 km östlich der Hauptstadt des Bezirks Lintong in Sha'anxi, ist bis zu 76 m hoch; in weitem Umkreis finden sich noch zahlreiche Bruchstücke des Baus.

kals; er strahlt wenig Güte aus; sein Herz gleicht dem Herzen eines Tigers oder eines Wolfes. Solange er anderen verpflichtet ist, fällt es ihm leicht, so zu tun, als sei er ihnen unterlegen; wenn er einmal erreicht hat, was er erstrebt, fällt es ihm ebenso leicht, sie zu vernichten."

Der Herrscher wurde von guten Strategen und kühnen Generälen unterstützt; seine Feldzüge endeten oft mit der Hinrichtung Zehntausender von Gefangenen; dies hatte den Vorteil, daß es vor etwaigen weiteren Rebellionsgelüsten abschreckte. Innerhalb kurzer Zeit war er Herr über ganz China. Er besetzte die neuen Kommandostellen mit seinen besten Beamten, wobei er darauf achtete, daß unter ihnen auch diejenigen seiner Verwandten und Kinder waren, die man noch nicht auf seinen Befehl hin ermordet hatte. Dann wandte er sich folgendermaßen an seinen Minister Li Si:

„Ich, der ich so unwichtig bin, habe Armeen angeführt, um die aufständischen Fürsten zu bestrafen, und mit Hilfe der Macht unserer Vorfahren haben die sechs Könige ihre gerechte Strafe erhalten, und das Land hat endlich Frieden gefunden. Wie soll dieses Werk der

Nachwelt überliefert werden, wenn wir nicht einen Ehrentitel für uns schaffen? Die Frage eines kaiserlichen Status sollte erörtert werden."

Er selbst unterbrach die Diskussion seiner Minister und nannte sich selbst Erster und Oberster Kaiser in Anlehnung an die alten Dynastien; wie die letzten Herrscher der Zhouou übernahm er die kaiserlichen Embleme: sein Zeitalter war das Zeitalter des Wassers, die kaiserliche Farbe war Schwarz, und die Ziffer der Dynastie war die Sechs. Hinter alldem steckte jedoch mehr als eine Vorliebe für alte Traditionen; die nachfolgenden Jahre waren gekennzeichnet von großen Fortschritten auf dem Weg zu politischer, wirtschaftlicher und moralischer Einigung: Landvermessung, Einrichtung von Kommandostellen, Vernichtung aller Bücher allgemeinbildenden, nichttechnischen Inhalts (Literatur, Philosophie, Geschichte zum Beispiel; Hinrichtung der nicht zur Zusammenarbeit bereiten Gelehrten); Währung (Kupfer-Sapek), Schrift (Streichung zahlreicher Varianten von Schriftzeichen und Festsetzung einer offiziellen Schreibweise), Maße und Gewichte wurden vereinheitlicht, die Trennung von (Rad-) Achsen für Karren angeordnet; es wurden Straf- und Verwaltungsgesetze erlassen, die den Puritanismus der Sitten verstärkten. Der Bau strahlenförmig von der Hauptstadt Xianyang ausgehender Straßen und die Zerstörung der alten Mauern zwischen den Königreichen förderten den Verkehr und erleichterten die Leitung des ganzen Reiches. Gleichzeitig wurden die nördlichen Befestigungsanlagen zur Großen Mauer zusammengefügt, um Invasoren abzuwehren.

In Anbetracht der Jahrhunderte andauernden politischen Spaltung überrascht es nicht, daß diese Schocktherapie ihren Anstifter nicht überlebte. Der Erste Kaiser starb im Alter von 50 Jahren; es war ihm weder gelungen, die Unsterblichkeitsdroge zu finden noch die paradiesischen Inseln, die angeblich vor der Küste Shandongs liegen. Diese beiden Manien und der beispiellose Pomp anläßlich seines Begräbnisses zeigen seinen Größenwahn. Wahrscheinlich hätte China jedoch in den vier darauffolgenden Jahrhunderten kein solches Maß an Macht und Stabilität erfahren, wenn der Erste Kaiser, so tyrannisch er auch war, niemals regiert hätte.

Der Erste Kaiser wurde durch Korruption, Meuchelmord und Waffengewalt zum absoluten Herrscher über ganz China; von kalter Entschlossenheit angetrieben, war es sein Ziel, einen Zentralstaat mit einheitlicher Währung, genormten Maßen und Gewichten und einem einzigen Gesetzeskodex zu errichten.

墙

In kurzer Entfernung vom Grabhügel hat man drei Gruben freigelegt, die eine mächtige Terrakotta-Armee enthielten. Die 1974 begonnenen Arbeiten zur Beseitigung der durch Feuer, Raubzüge usw. entstandenen Schäden dauern immer noch an.

Folgende Seiten: *Grube 1, von Ost nach West 210 m und von Nord nach Süd 60 m lang, enthält über 6000 Figuren. Das dort errichtete Museum ist das größte unterirdische Militärmuseum der Welt.*

Diese knienden Krieger hielten vermutlich einen Bogen. Sie bilden das vorderste Glied der in dichten Reihen stehenden Armee und blicken nach außen, um das Grab vor jedwedem Feind zu schützen. In der Mitte und an den Enden jeder Reihe steht ein Infanterieoffizier in Rüstung; die 38 Reihen des Truppenkörpers wechseln zwischen pferdegezogenen Streitwagen und Infanterie.

Die bronzenen Pfeilspitzen und der Lademechanismus der Armbrust (nächste Seite oben) sind Originalgröße.

Eine Galerie von Figuren, Vielfalt des Haarstils

Die Terrakotta-Figuren sind nicht aus einem Guß. Sie wurden in Teilen gefertigt und dann zusammengefügt; Details des Kopfes und der Faltenwurf der Kleidung wurden später hinzugefügt, wobei den Gesichtszügen, die jeder der Figuren ihre besondere Identität verleihen, besondere Aufmerksamkeit zukam. Die Haartracht wurde sehr realistisch in verschiedenen Haarstilen dargestellt: Zöpfe wurden auf der rechten Kopfseite mit einem Band zusammengehalten oder mit einem unter dem Kinn gebundenen Hut bedeckt. Der unten abgebildete Krieger hingegen trägt eine Kappe mit kleinem Federbusch.

Die Streitwagen und ihre Begleitung;
die Uniformen der Offiziere und Soldaten

Die Wagenlenker sind leicht an ihrer Haltung zu erkennen: Arme starr nach vorne gerichtet, Fäuste geschlossen, als ob sie die Zügel hielten, Zeige- und Mittelfinger kontrollieren die Leine. Neben den Streitwagen stehen die Begleitsoldaten, eine Hand an der Radnabe, in der anderen Hand eine Lanze oder eine andere Waffe, und warten auf ihre Befehle. Sie tragen Waffenrock, Wickelgamaschen und Stiefel mit quadratischen Spitzen. Die Offiziere erkennt man an ihrem kräftigen Körperbau (die Gestalt auf dieser Seite mißt 1,95 m), an ihrer Rüstung und an ihrem doppelten Waffenrock.

Bronzewagen und Pferde,
die Ehrenwache des Kaisers

1980, sechs Jahre nach der Entdeckung des Grabmals Qin Shi Huangdis, fand man an der Westseite des Mausoleums zwei guterhaltene Gruppen von Bronzedarstellungen mit Wagen, Pferden und Wagenlenkern. Die Abbildung auf dieser Seite zeigt die Ausgrabungsarbeiten an den Statuen.

Nach Restaurierungsarbeiten ist die Staatskutsche in ihrer alten Pracht wiederhergestellt. Sie mißt etwa halbe Originalgröße (Länge 328,4 cm, Höhe 104,2 cm), alle Einzelheiten sind sehr realistisch dargestellt. Tür und Fenster der Kutsche lassen sich öffnen; die Ausstattung und die Pferde sind aus Gold. In der Kutsche sitzt ein Offizier mit Hut und Schwert.

Die tausend Gräber

„Die chinesische Geschichte ist auf die Zahl EINS unserer Zeitrechnung hin ausgerichtet, und die Zwillingsdynastie der Han nimmt diesen Ehrenplatz ein: die Mitte . . . Die Kunst der Han ist sowohl früheren als auch späteren Zeiten, sowohl dem gebildeten als auch dem unzivilisierten Westen unbekannt; sie ist eine Kunst, die man – bis zum Beweis des Gegenteils – als rein chinesische Kunst bezeichnen kann und muß, als eine Kunst, die den alten Genius Chinas unverfälscht zum Ausdruck bringt."

V. Segalen, China, the Great Statuary

Die Westliche und Östliche Han-Dynastie

Regionale Unterschiede, die während des „Zeitalters der Streitenden Reiche" noch bestanden hatten, verschwanden mit Beginn der Han-Dynastie aufgrund der allmählichen Verschmelzung der dominierenden Han-Kulturen mit den Kulturen der ethnischen Minderheiten in den angrenzenden Gebieten. Während dieser Zeit festigte sich das Feudalreich. In den vergangenen 30 Jahren wurden bedeutende Grabungsarbeiten unternommen, die zur Freilegung zahlreicher Qin- und Han-Gräber und zur Katalogisierung der Grabinhalte führten. Viele der bisher gefundenen Gräber gehörten Mitgliedern königlicher oder adeliger Familien.

Das in Dabaotai bei Beijing entdeckte Grabmal des Fürsten Yan enthält eine als „Huang Chang Ti Zhou" bekannte Grabkammer, die von über 15000 Zypressenstäben von 90 cm Länge gestützt wird und für die insgesamt 500 – 600 m³ Bauholz benötigt wurden. Die Gräber Liu Shengs, des Fürsten von Zhongshan, und seiner Frau Dou Wan auf dem Lingshan in Mancheng (Hebei) und das Grab Liu Qingjis, des Fürsten von Lu, auf dem Berg Jiulong in Qufu (Shandong) warfen schwierige technische Probleme auf, da sie tief in den Felsen hineingebaut werden mußten. Grab 1 bei Mawangdui war für Xin Zhui bestimmt, die Frau Li Cangs, des Grafen von Dai, der zu Beginn der Westlichen Han Kanzler des Fürstentums Changsha war. Es handelt sich dabei um ein großes Grabmal mit zwei hölzernen Zwischenwänden und vier Särgen. Die Gräber örtlicher Beamter und von Offizieren der Armee hat man in der Inneren Mongolei, in Gansu, in Guangxi und in der autonomen Region Zhuang ausgegraben. Dabei wurde eine große Menge wichtiger Kunsterzeugnisse ans Tageslicht gebracht, darunter Wandmalereien, Streitwagen aus Bronze und Pferdefigürchen. Diese Kunstgegenstände zeigen eine Vielfalt an Themen: menschliche Figuren, Streitwagen, Pferde, Tänze, Feste, Opferriten, ja sogar Erzählungen und historische Personen. Sie zeichnen so ein klares und lebendiges Bild des gesellschaftlichen Lebens zur Zeit der Han.

Äußerst fein gearbeitetes Figürchen eines Vogels, der auf einem Drachen sitzt und eine Lampe (?) im Schnabel hält (Höhe 30 cm).

Die Mawangdui-Gräber am östlichen Rand von Changsha wurden zwischen 1972 und 1974 ausgegraben. Die dabei gewonnenen Informationen bestätigten, daß es sich hierbei um die Gräber Li Cangs, des Grafen von Dai, der zum Kanzler des Fürstentums Changsha ernannt wurde, seiner Frau und seines Sohnes handelte: die gesamte Familie war etwa um das Jahr 168 v. Chr begraben worden.

Grab 1 war das Grab der Gräfin Xin Zhui; es handelt sich dabei um eine trichterförmige Grube mit einer zum Grund führenden Rampe. In einer hölzernen Grabkammer mit den Grundmaßen 6,70 × 4,81 m und einer Höhe von 2,80 m befinden sich vier ineinandergebettete Särge. Der äußere Sarg ist mit prächtigen Lackmotiven verziert: zwischen den Wolken, die die Seitenwände bedecken, finden sich die Unsterblichen und verschiedene mythische Tiere. Man fand etwa 1 400 Grabbeigaben, von denen einige (Kleider, Nahrung, Früchte und Heilkräuter) in 48 Bambuskästen aufbewahrt wurden. Des weiteren gab es dort 162 hölzerne Statuetten, darunter Hofdamen und Diener, Musikanten und Tänzer. Ein Verzeichnis aller Gegenstände ist auf 312 Bambusstreifen festgehalten. Einer der Särge ist mit einem T-förmigen *Fei yi* (fliegender Mantel) bedeckt, der mit Szenen von Göttern, Geistern und Heroen, der Erde und des Himmels bemalt ist. Der Körper der Dame im innersten Sarg ist gut erhalten. Ihr Haar ist immer noch fest am Schädel, ihre Haut elastisch und ihre Gelenke sind beweglich. Wir verdanken dies den im Sarg befindlichen Säuren und der Tatsache, daß der Sarg so fest verschlossen war. Von Grab 2 ist nur wenig erhalten, da es in weit zurückliegender Vergangenheit geplündert wurde; dennoch ließ sich die Identität des Besitzers anhand einer Reihe von Siegeln feststellen. Der Sohn Li Cangs wurde in Grab 3 beigesetzt; es ähnelt dem ersten Grab, ist jedoch kleiner. Besonders wichtig sind einige seidene Bücher, die man für unwiederbringlich verloren gehalten hatte. Karten von überraschender Genauigkeit und Detailfülle liefern den Beweis dafür, daß die Kunst der Topographie bereits weit fortgeschritten war. Eine der Karten zeigt die heutige Provinz Hunan und die angrenzenden Gebiete der Provinzen Guangxi und Guangdong. Eine andere Karte, mit den Maßen 98 × 97 cm und in Schwarz, Rot und Blau gezeichnet, liefert uns ein genaues Bild der Verteidigungsanlagen Changshas; sie gibt die neuen Militärlager, die Entfernungen zwischen den Wohnpalästen und die Einwohnerzahlen an. Die im Grab gefundenen Waffen weisen darauf hin, daß der Besitzer ein General war.

Detail aus dem bemalten Seidenbanner, das einen der Sarkophage von Mawangdui bedeckte, die man 5 km östlich der Stadt Changsha in Gräbern der Westlichen Han fand.

Die zwei bei Mancheng von einer Einheit der Volksbefreiungsarmee entdeckten tiefen Gräber erwiesen sich als die Gräber des Fürsten Jing vom Königreich Zhongshan und seiner Frau Dou Wan, die zwischen 113 und 104 v. Chr. begraben wurden. Die Gräber liegen auf einer Bergspitze, 1,5 km von der Bezirkshauptstadt Mancheng (Hebei) entfernt. Sie sind etwa 50 m tief und haben eine gewölbte Decke, krumme Wände, Vorhallen, Galerien, eine Zufahrtsrampe und mehrere Grabkammern. Diese mehrräumigen Bauten, die sich an den Wohnungen der Lebenden orientierten, stellen einen entscheidenden Fortschritt gegenüber dem zu Beginn der Han-Periode vorherrschenden Grabtypus mit nur einem Raum dar. Die rituelle Praxis, bei der der Fürst in einen Satz von fünf ineinanderliegenden Särgen eingeschlossen wurde, ist gleichermaßen aufgegeben. Bei diesen Gräbern gibt es nur einen inneren und einen äußeren Sarg. Die Tatsache, daß Liu Sheng und seine Frau in getrennten Grabkammern in einem gemeinsamen Grabhügel beigesetzt wurden, kann schließlich als Vorläufer für die bei den späteren Westlichen Han üblichen Bestattungen in miteinander verbundenen Grabkammern angesehen werden. Man fand etwa 4000 Grabbeigaben – die meisten davon waren Bruchstücke von Keramiken, von denen einige den Stil des „Zeitalters der Streitenden Reiche" fortführten, während andere neue Formen und Schmuckstile aufwiesen. Die Bronzearbeiten sind ganz außergewöhnlich. Die Figur der Palastdame mit Lampe aus dem Palast von Ciangxin, das *Boshan*-Räuchergefäß mit goldenen Einlegearbeiten und die *Hu*-Vase mit Einlege- und Reliefverzierungen sind Kunstwerke von besonderer Schönheit. Unter den Funden waren auch goldene und silberne Akupunkturnadeln, eine vollständige ei-

Die Ausgrabungsarbeiten an Grabmal 1.

serne Rüstung und zwei Träger und Zubehörteile aus Bronze für Zelte, die erstmals in einem Han-Grab gefunden wurden. Die beiden Besitzer waren in jadebesetzte Gewänder gehüllt; das Gewand Liu Shengs bestand aus 2 498 Jade-Steinchen verschiedener Größe, durch Goldfäden zusammengehalten, die durch Löcher in den Ecken der Steine geführt wurden. Eine der wichtigsten archäologischen Entdekkungen der vergangenen Jahre waren die Holz- und Bambusstreifen mit Inschriften, die, zusammen mit den seidenen Büchern von Mawangdui, eine Fülle von Informationen über die Han- und Qin-Dynastien liefern.

Im Nordwesten Gansus (im Tal des Flusses Egina) haben Forscher die Überreste von Wachttürmen und Garnisonen der Han ausgegraben. Dabei wurden über 20 000 Bambusstreifen gefunden. Es handelt sich hierbei überwiegend um offizielle Dokumente und Bücher, in denen die Aufgaben und Pflichten der Garnisonssoldaten und die Leistungen der Landwirtschaft aufgezeichnet wurden; die Dokumente und die darin enthaltenen Informationen sind historisch von großem Wert.

Zur Zeit der Han-Dynastie wurden Eisengegenstände in großem Umfang hergestellt und benutzt. Seit der Zeit Kaiser Han Wu Dis hatte die Regierung das Gießmonopol; Überreste von Gießereien hat man zwischen 1958 und 1959 in Tieshenggou im Bezirk Gongxian (Henan) und 1975 in Guxingzhen (Zhengzhou) ausgegraben. Funde von Kohlegruben, Hochöfen, Brennstoff und Unterkünften belegen den fortgeschrittenen Stand der Gußtechnik zur Zeit der Han.

1974 hat man in Guangzhou die Überreste einer Schiffswerft aus der Qin- und Han-Zeit gefunden. Die Werft umfaßte ein Dock und eine Helling; mehrere 50- oder 60-Tonnen-Schiffe konnten dort gleichzeitig gebaut werden. Der blühende Handel und die guten Verbindungswege jener Zeit schufen für den Schiffsbau günstige Bedingungen.

In bezug auf Kunsterzeugnisse aus Gebieten, in denen ethnische Minderheiten lebten, hat man im Winter 1972 aus Gräbern von Xiongnu-Hirten in verschiedenen Gebieten der autonomen Region Innere Mongolei mehrere Gegenstände geborgen. Unter den Funden befinden sich Goldfäden, Halsketten und großartige Schmuckstücke in Gestalt von Tigern, Schafen, Rindern, Stachelschweinen usw. – Tiere, die sie von der Weide kannten. Die Funde der Xiongnu-Gräber in Liaoning liefern uns Informationen, die Kultur und Gebräuche dieser Völker in neuem Licht erscheinen lassen. Grabungsarbeiten an einer Gruppe von Gräbern des Dian-Stammes in Yunnan ha-

Die bei Yangjiawan in der Provinz Sha'anxi freigelegte Armee war in Kampfformation aufgestellt und umfaßt Tausende von Figürchen; diese sind jedoch kleiner als die Figuren aus dem Mausoleum des Ersten Kaisers.

ben verschiedene Bronzegegenstände zutage gebracht, darunter Waffen, Musikinstrumente, Gegenstände des täglichen Gebrauchs und Schmuck. Des weiteren wurde auch das Siegel des Königs von Dian gefunden, das 109 v. Chr. anläßlich der Errichtung der Yizhou-Präfektur von Kaiser Han Wu Di verliehen wurde. Die Fundobjekte aus dem „Zeitalter der Streitenden Reiche" und dem Beginn der Han-Zeit weisen deutlich Dian-Merkmale auf und unterscheiden sich stark von Funden der Ebenen. Etwa zur Mitte der Han-Zeit wird jedoch der Einfluß der Ebenen offensichtlich. Die *Ge*-Schwertäxte und die *Zhong*-Glocken zum Beispiel weisen Ähnlichkeiten mit den entsprechenden Gegenständen der Ebenen auf, behalten jedoch in den Details ihre typischen Merkmale bei. Im Übergang vom Westlichen zum Östlichen Han folgen die Gegenstände im allgemeinen dem Han-Stil und spiegeln die Verflechtung der verschiedensten Kulturen und Völker innerhalb Chinas wider.

Zwischen 1955 und 1960 wurden in Shizhaishan, 5 km von der Bezirkshauptstadt Junning entfernt, vier Grabungsabschnitte durchgeführt. Dabei wurden 48 Gräber entdeckt, die über 4000 Bronzegegenstände aus dem „Zeitalter der Streitenden Reiche" bis zur Han-Dynastie enthielten. In der Folgezeit wurden weitere 2000 Bronzen vom Shizhaishan-Typus an über 35 Grabungsorten im Gebiet des Dianchi-Sees gefunden.

Dieses Figürchen ist Teil der stattlichen Menge von Grabbeigaben eines Generals der Han, dessen Grab bei Leitai in der Provinz Gansu gefunden wurde.

Die Bronzegefäße der Dian sind mit geometrischen Mustern oder mit sehr realistischen Gußfigürchen verziert. Sowohl inhaltlich als auch formal zeigen sich deutlich regionale Züge. Die menschlichen Figuren auf den Gefäßdeckeln sind dargestellt, wie sie gerade opfern, zur Jagd gehen, Abgaben zahlen, ihr Vieh hüten und aufziehen, essen, sich lieben usw. Auf dem Deckel eines im Durchmesser nur 30 cm messenden Behälters für Kaurimuscheln drängen sich zum Beispiel hundert Figuren. Einige feiern ein Fest, andere füttern Tiger und Stachelvieh, andere schmausen genüßlich, einige sind damit beschäftigt, Essen aufzutragen, und wieder andere bringen Opfer dar. Ein weiteres eindringliches Beispiel zeigt den Kampf zwischen wilden Tieren. Tiermotive gibt es im Überfluß: Pferde, Rinder, Schafe, Tiger und Pfauen sowie Sagenwesen wie Sphinxe und Tiger mit Flügeln. Themenreichtum und Formenvielfalt kennzeichnen diese Kunsterzeugnisse als typische Dian-Produkte. Alle Shizhaishan-Gräber sind Hügelgräber; einige enthielten rotlackierte Särge.

Unter den 1983 freigelegten Han-Gräbern sind zwei besonders wichtige Entdeckungen. Es handelt sich dabei einmal um das Kaisergrab im Staat Süd-Yue, mit dessen Ausgrabung im August 1983 begonnen wurde. Es ist dies das größte Steingrab, das man je südlich der Nanling-Berge gefunden hat.

Archäologen haben hier eine sehr große Menge an Fundgegenständen entdeckt. Das Grab liegt im Innern des Berges Xianggang, 20 m unterhalb des Gipfels, und umfaßt sechs Grabkammern, drei vorne und drei hinten. Es ist 10,85 m lang und an der weitesten Stelle 12,43 m breit; die Decke besteht aus großen Steinplatten, von denen die größte (2,50 × 2,20 m; 24 cm dick) die Decke der vorderen Kammer bildet. Die vordere Kammer und die Kammer hinten in der Mitte sind durch Steintüren verschlossen. Über 1 000 Grabbeigaben hat man hier gefunden, unter den wichtigsten sind 500 Bronzegegenstände, 200 Jade-Gegenstände, Bronzeglocken, Steinglocken, Kochgefäße im Nanyue-Stil, Bronzeplatten im Xiongnu-Stil mit Reliefs kämpfender Tiere, eine Wand mit einem 3 m langen Bronzesims und ein Bronzespiegel. Im mittleren hinteren Raum wurden ein äußerer und ein innerer Sarg gefunden, der eigentliche Sarg und das Skelett seines Besitzers sind jedoch zerfallen. Der Besitzer des Grabes war in jadebesetzte Gewänder gehüllt und hatte 6 Schwerter zu seiner Seite. Neben seinem Haupt fand man Jade-Schmuck und auf seiner Brust eine Halskette aus Jade-Perlen. Über und unter den Gewändern waren Dutzende von Jade-*Pis* (Ritualgegenstände von etwa 30 cm Durchmesser und mit einem Loch in der Mitte). Es wurden 19 goldene Siegel gefunden – Gegenstände dieser Art hat man in Han-Gräbern an anderen Orten nur selten gefunden. Das größte (Siegel?) ist ein Armreif in Drachenform, in den die Rangzeichen Kaiser Wens eingeritzt sind; dadurch wird bestätigt, daß der Besitzer des Grabes der zweite Kaiser des Staates Nanyue war. Historischen Dokumenten zufolge wurde der Nanyue-Staat zu Beginn der Westlichen Han-Dynastie 93 Jahre lang von einem separatistischen Regime im Gebiet südlich der Nanling-Berge beherrscht. Die Entdeckung des Grabes hat der Erforschung der wirtschaftlichen und kulturellen Entwicklung dieses Gebietes während der Qin- und Han-Dynastien wichtige kulturelle Informationen geliefert und Hinweise auf das Grab des ersten Nanyue-Kaisers gegeben.

Die ethnische Minderheit der Dian erlebte unter den Han eine Blütezeit; ihre Bronzen und anderen Kunsterzeugnisse weisen die typischen Merkmale der Kunst der Steppenvölker auf.

Die zweite wichtige Entdeckung bestand in der erst vor kurzem möglichen Identifizierung von Han-Gräbern in der Provinz Shanxi. Die Entdeckung erfolgte beim Übertagekohlenabbau in Pingshuo. In einem 1,26 Millionen m² großen Gebiet hat man über 1000 Han-Gräber mit über 8000 Funden identifiziert. Die Familiengräber umfassen alle Typen von Han-Gräbern in den verschiedenen Stadien in einem Zeitraum von 400 Jahren, sowohl in der Westlichen als auch in der Östlichen Han-Dynastie. Die meisten Gräber sind klein oder mittelgroß; große Gräber finden sich nur selten in den Stein- und Kohleschichten.

Die überwiegende Anzahl der gefundenen Grabbeigaben sind Töpferwaren, in geringerem Umfang finden sich auch Lackarbeiten, Kunsterzeugnisse aus Jade und hölzerne Geräte. Einige der Funde, so zum Beispiel die glasierten Töpferwaren (Ur-Porzellan), die Bronzespiegel, die Waffen usw., stellen überragende Schätze dar.

Tierdarstellungen sind ein unveränderliches Kennzeichen der Kunst der Steppenvölker.

Bei Shuoxian in der Provinz Shanxi hat man in der Nähe einer Übertagekohlemine über 1000 Han-Gräber freigelegt. Die dabei zutage gekommenen Funde waren von großem Interesse.

„Straßen und Kreuzungen in der Stadt waren miteinander verbunden und erstreckten sich weit; die Zahl der Stadttore und Portale ging in die Tausende. Es gibt neun Marktplätze für die verschiedenen Waren; an den Straßen, die zu den Märkten führen, liegen Geschäfte, je nach Warenart angeordnet. Männer kehren nicht zurück, Karren kommen nicht vorwärts; sie füllen das Stadtgebiet und überfluten die Vororte. Entlang der Straßen liegen Hunderte von Geschäften; der überall aufgewirbelte rote Staub vermischt sich mit Wolken und Rauch . . . Die fahrenden Ritter der Stadt gleichen Herzögen und Grafen; die Straßenhändler sind reicher als die Fürsten von Ji und Jiang. Die Helden der kleineren Ortschaften in der Umgebung haben den Mut fahrender Ritter . . .“

Westliche Han-Dynastie

2.–1. Jahrhundert v. Chr.

Dem Sohn Qin Shi Huangdis, Er Shi Huangdi (dem „Zweiten Kaiser"), gelang es nicht, die ideologische Disziplin seines Vaters aufrechtzuerhalten. Im Jahre 207 v. Chr., drei Jahre nach dem Tod seines Gründers, brach das Reich zusammen, durch Bauernaufstände zu Fall gebracht. Ein gewisser Liu Bang, ein einfacher Beamter, der von den Bauern unterstützt wurde, ergriff einige Jahre später das „Mandat des Himmels" und gründete Han.

Bis zu der Zeit, als die Bauernaufstände Qin stürzten und ein Machtvakuum hinterließen, hatte Liu Bang ein unstetes Leben geführt; seine beruflichen Aktivitäten reichten vom Gastwirt bis zum Polizeibeamten. Es gab zahlreiche Rivalen um die Macht; Liu Bang betrog seinen Waffengefährten Xiang Xu und hatte so das Glück, der erste zu sein, der seine Truppen über die Pässe führen konnte, die das Tal des Wei, den Schlüssel zur Macht, beherrschten. Das war im Jahre 206 vor Christi Geburt.

Der neue starke Mann der Zentralebene wurde in Chang'an (Stadt des „langen Friedens", heute Xi'an) in sein Amt eingeführt; zu seinen ersten Entscheidungen zählten die Vergabe von Lehen an seine besten Offiziere und die Gründung der Han-Dynastie im Jahre 202 (v. Chr.) – benannt nach dem Staat, der ihn an die Macht gebracht hatte. Liu Bang übernahm vom Ersten Kaiser einen zentralisierten Staat mit solidem Verwaltungssystem und mächtigen Überwachungsmöglichkeiten. Er war weise genug, dies alles nicht anzutasten und die legalistische Regierungstradition fortzuführen. Der Han-Staat funktionierte von alleine; es war lediglich notwendig, die durch Grausamkeiten ins Zwielicht geratene politische Macht zu moralischem Verhalten zurückzuführen, den Reichtum zu fördern und die Ehre der Gelehrten und ihre Rolle in Kultur und Regierung wiederherzustellen. Über die Gelehrten und ihre Ratschläge machte er sich jedoch auch gerne lustig – er soll sogar in ihre Barette uriniert haben. Dennoch ließ er sie konfuzianistisches Ideengut entwickeln, das später noch beachtlichen Einfluß auf Sitten und Regierung haben sollte. Chang'an entwickelte sich rasch zu einer blühenden Hauptstadt. Für zwei Jahrhunderte sollte Chang'an Hauptstadt Chinas bleiben. Zu Beginn der Han-Dynastie, die fast ohne Unterbrechung für nahezu vier Jahrhunderte herrschen sollte, nahm Liu Bang den Titel Gaodi,

„Erhabener Kaiser“, an und führte so die kaiserliche Tradition seines blutrünstigen Vorgängers fort. Durch diesen Akt verewigte er eine politische Institution Chinas, die bis 1911 niemals ernsthaft in Frage gestellt werden sollte.

Als letzte Aufgabe blieb die Sicherung der territorialen Macht der Han; dies wurde erreicht durch eine sofortige Verstärkung der Großen Mauer im Gebiet von Gansu, später auch in der Inneren Mongolei und der Mandschurei. Hunderttausende von Bauern, nach und nach durch Soldaten und Gefangene ersetzt, mußten für dieses riesige Werk schuften. Weitere große Arbeiten wurden in Angriff genommen: man hob Kanäle aus, baute Straßen und verstärkte die Deiche entlang des Gelben Flusses (dies verhinderte jedoch nicht katastrophale Überschwemmungen und eine Änderung des Flußlaufes zu Beginn des 1. Jahrhunderts v. Chr.).

„Angriff ist die beste Verteidigung“, war die Ansicht des „Kriegskaisers“ Wudi, Liu Bangs fünften Thronfolgers. Er organisierte seine Armee neu und unternahm zu Beginn der dreißiger Jahre des 2. Jahrhunderts v. Chr. eine Reihe von Angriffen gegen die Xiongnu (vermutlich die Vorfahren der Hunnen) in Zentralasien. Diese Angriffe waren nicht nur Strafexpeditionen; der Kaiser hinterließ Militärgarnisonen, die durch Stafetten und Signale miteinander in Verbindung standen, und schuf Kommandostellen in den westlichen Regionen Gansus. Im Nordwesten kolonisierte er die Mandschurei und ein Großteil des heutigen Korea. Im Süden schickte er Armeen über den Yangzi, um das Königreich Dian (Yunnan) und andere kleinere Königreiche bis zur Grenze nach Burma hin zu unterwerfen. Diese militärischen Aktionen gingen einher mit der Ansiedlung oder Vertreibung ganzer Einwohnerschaften; davon waren bisweilen Hunderttausende von Einzelpersonen betroffen.

Mit der Besiedlung der Grenzgebiete durch Chinesen erhielt das Staatsgebiet Chinas bereits seine heutige Form. Von Vietnam bis Zentralasien und Korea erstreckte sich nun die chinesische Einflußsphäre. Obwohl es in den Grenzgebieten und auch im Landesinneren örtliche Unterschiede gab und immer noch gibt, war der Weg nun frei für eine Verbreitung urchinesischer Vorstellungen in bezug auf Verwaltungssystem, Riten und Schrift überall im Fernen Osten.

Der Trennungsschmerz bei der Aushebung von Armeen oder bei der raschen Umsiedlung ganzer Bevölkerungsteile wurde zu einem zentralen Thema in der Literatur.
So heißt es beispielsweise in einer späteren Passage des *Wenxuan:*
„Die Grenzprovinzen sind
noch nicht befriedet,
du mußt mit der Armee ziehen,
die federgeschmückten
Pfeile im Köcher,
Die Wasser des Liao
sind grenzenlos,
die Berge des Yan
sind den Wolken nahe –
Fluß und Land im Norden ...
Wir brechen Pfirsich- und
Kirschzweige, wir können
die Trennung kaum ertragen.
Ich begleite
meinen geliebten Sohn,
meine seidene Schürze
ist tränengetränkt.“

„Chinesischer Reiter in erbittertem Kampf mit einem barbarischen Reiter“: im 2. und 1. Jahrhundert v. Chr. zogen chinesische Armeen siegreich durch Zentralasien.

Hebei

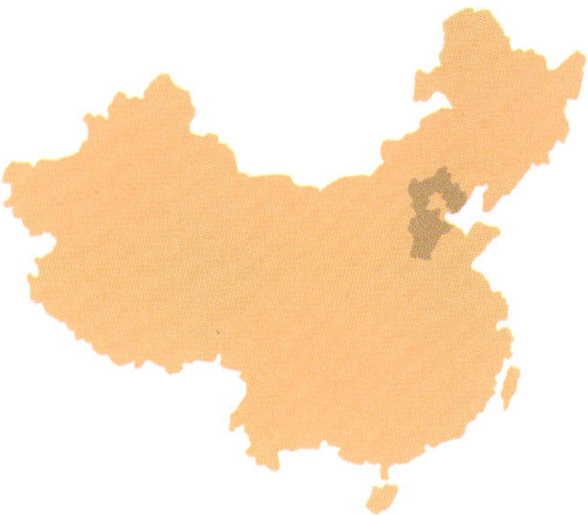

Im Zeitalter der „Streitenden Reiche" stand das Königreich Zhongshan in der heutigen Provinz Hebei im Mittelpunkt des öffentlichen Interesses. Der kleine Staat wurde 250 v. Chr. von seinem Nachbarn Zhao angegriffen und fiel kurz darauf, etwa um das Jahr 228, dem Ersten Kaiser zu. Durch den Aufstieg der Han wurde es zum idealen Lehen eines Mitglieds der kaiserlichen Familie. Der Zufall wollte es, daß man das Grab eines Nachkommen Liu Bangs, das des Fürsten Liu Sheng (155–113), Bruder des Han-Kaisers Wudi, dort entdeckt hat; es enthält eine beachtliche Menge fein gearbeiteter Grabgegenstände.

Einige Fundobjekte aus der Grabkammer Liu Shengs und seiner Frau, deren Grabkammer sich an die seinige anschloß, sind bereits erläutert worden. Insgesamt gesehen, erleichtern uns diese Gegenstände das Verständnis der Vorstellungen der Chinesen dieser Region über das Leben nach dem Tod. Sie stellen eine vollständige Inneneinrichtung eines Hauses dar, mit Lampen in den verschiedensten Formen, Waffen (darunter Schwerter aus Eisen, die man gerade erst angefangen hatte herzustellen), Akupunkturnadeln, Vasen und Schalen aus Bronze, teilweise mit Einlegearbeit aus Gold. Ein mit einer Landschaftsansicht bemaltes Räuchergefäß entführt die Vorstellungskraft zu Bergen und Tälern, deren bezaubernde Schönheit, Miniaturpflanzen und -tiere Dichter inspiriert und Gedanken an glückliche Zeiten heraufbeschworen haben. Diese Miniaturwelt spiegelt sich im ganzen Grab wider. Es gab alles, was man zum täglichen Leben benötigte; so konnte der Körper des Toten, nachdem ihn die Seele verlassen hatte, seine Bedürfnisse ohne Schwierigkeiten befriedigen. In ähnlicher Weise sollte auch das jadebesetzte Gewand, in das der Verstorbene gehüllt war, sein Leben erhalten; im chinesischen Arzneibuch werden der Jade nämlich zahlreiche günstige Eigenschaften zugeschrieben: sie sollte das *Yang*-Prinzip des Körpers stärken und war daher Bestandteil vieler Heilmittel, die darauf abzielten, das Leben zu verlängern. Der Brauch, die Toten in Jade zu kleiden, ist eine auffällige Besonderheit der Han; er spiegelt offensichtlich das starke Interesse der Gesellschaft jener Zeit – und Kaiser Wudis insbesondere – an magisch-religiösen Praktiken wider. Auch dem Gold wurden zahlreiche positive Eigenschaften zugeschrieben; deshalb waren die Jade-Gewänder mit Goldfäden durchwirkt. Wie uns die Texte jedoch lehren – Ehre, wem Ehre gebührt –, waren diese Praktiken allein Herrschern oder den allerhöchsten Gesellschaftsschichten vorbehalten. Der Brauch, die Körperöffnungen eines Toten mit Jade-Gegenständen oder Kaurimuscheln zu verschließen, scheint hingegen weiter

Der Hügel von Lingshan bei Mancheng in der Provinz Hebei. An seinen Hängen hat man zwei etwa 92 m auseinanderliegende Gräber freigelegt. Sie gehörten Liu Sheng, dem Prinzen von Jing des Königreiches Zhongshan, und seiner Gemahlin.

verbreitet gewesen zu sein; der Leichnam sollte so besser konserviert werden.

Im China zur Zeit der Han waren die Wände der Gräber oft verziert. Herrscher und Adelige begannen die Arbeiten an ihrem Grabmal Jahre vor ihrem Tod, und so blieb den Handwerkern genügend Zeit, die Steine, aus denen die Kammern, Vorkammern oder Gänge der Grabmäler gebaut waren, zu bemalen und zu behauen.

In anderen wichtigen Han-Gräbern in der Provinz Hebei hat man zahlreiche Kunsterzeugnisse gefunden, darunter die nebenstehenden Pi-Scheiben.
Die Pi-Scheibe aus grünem Nephrit und mit Seeungeheuern verziert wurde bei Beizhuangzi im Gebiet von Dingxian ausgegraben (Höhe 22,5 cm, Durchmesser 19,9 cm). Daneben eine Pi-Scheibe aus weißer Jade (Höhe 30 cm, Durchmesser 24,4 cm); sie ist verziert mit zwei Drachen, die einen Becher halten, und wurde im Han-Grab von Beilingtou im Gebiet von Dingxian gefunden.

Unter der großen Menge an Fundobjekten in den beiden Gräbern sind auch Jade-Stücke, Bronzen und Keramiken.

Die jadedurchwirkte Kleidung der Prinzessin Tou Wan und ihres Gemahls Liu Sheng ist das erste vollständige Beispiel, das man bisher gefunden hat. Sie besteht aus 2 156 Jade-Stückchen, die durch feine Goldfäden miteinander verbunden sind, und wiegt insgesamt 700 g. Dem Jade, der den Kaisern und dem Adel vorbehalten war, wurden traditionell Schutzkräfte nachgesagt. Der obere Teil der Kleidung bildet eine Art Jacke, in der die Platten in goldene Bänder eingehüllt sind. Der Kopf der Prinzessin ruht auf einem Bronzekissen.

Links: *Die bemalte Terrakotta*-Pen-*Schale (Höhe 13,7 cm, Durchmesser 56,2 cm) mit Vogelverzierungen gehört zu einer Gruppe von 12 Schalen, die alle unterschiedliche Motive tragen. Die Farben und Motive erwecken den Eindruck der Benutzung von Lack, einem kostspieligen Material, das auch in reichen Gräbern durch weniger vornehme Erzeugnisse ersetzt wurde.*

„Helle, nach Orchideen duftende Wachskerzen
Erleuchten Gesichter, Blüten gleich, die sich um dich bemühen;
Zweimal acht Diener stehen an deinem Kopfende und bedienen dich im Wechsel,
Hinreißende junge Mädchen aus adeligen Familien,
Gewöhnlichen Bediensteten nicht vergleichbar
O Seele, komm zurück! . . .“

Die Lampe auf der Seite links stammt, wie die Inschrift besagt, aus dem Changxin-Palast, wo die Königinmutter lebte, und wurde zwischen 173 und 159 v. Chr. gefertigt. Der Ärmel des Mädchens bildet den Lampenaufsatz; mit Hilfe der verstellbaren Scheibe am unteren Teil konnte die Richtung des Lichtes variiert werden. Tou Wan gehörte zur Familie der Königinmutter und erhielt die Lampe vermutlich von ihr als Geschenk.

Der Ding-*Dreifuß (Höhe 18,1 cm, Durchmesser 17,2 cm) wird von drei kauernden Bären getragen; um den Dekkel festzuhalten, können die Tiere auf dem Deckel gedreht werden.*

Unten: *Diese Bronzevase ist mit Drachen mit zwei Körpern und fliegenden Wolken verziert; die Inschrift auf dem Boden besagt, daß sie ursprünglich einem König des Chu-Staates gehörte. Der Deckel trägt drei goldene Phönixe (Höhe 59,5 cm, Gewicht 16,25 kg).*

Oben: *Bronzefigur eines Vogels, der auf einem Drachen sitzt (Höhe 30 cm, Gewicht 8,2 kg). Der Lampendeckel hat drei Spitzen.*

Oben und nächste Seite: *Vogelfigur, die eine mit Türkisen besetzte Jade-Scheibe im Schnabel hält. In den zwei seitlichen Bechern hat man Reste einer roten Substanz – möglicherweise eines Kosmetikums – gefunden.*

In Dabaotai bei Beijing hat man ein wichtiges Grab freigelegt; obwohl es in lang zurückliegender Vergangenheit geplündert und niedergebrannt wurde, hat man dort noch über 400 Kunsterzeugnisse zutage gebracht. Die Grabkammer mißt 23,2 × 18 m und wurde aus 500–600 m³ Holz gebaut. Dieser Typus von Holzsarkophag war nur für Kaiser bestimmt; dieser hier war der erste, den man in China gefunden hat.

In der Eingangshalle des Grabmals fand man drei Kutschen, mit farbigem Lack bemalt. Dies ist das einzige Beispiel eines noch gebrauchsfähigen alten Wagens.

Archäologische Grabungen in Pingshuo, Shanxi, führten zur Entdeckung von über 1000 Gräbern der Han.

Die groteske Gestalt auf der nächsten Seite ist ein vergoldeter bronzener Türklopfer; der mächtige Leopard auf dieser Seite hingegen diente vermutlich als Gewicht, das die Ecken einer Matte beschweren sollte. Soweit wir über die Bräuche jener Zeit Bescheid wissen, saßen die Han meist auf dem Boden.

Hunan

Die Provinz Hunan, 1000 km südlich von Hebei, liegt weitab vom China des Gelben Flusses und des Beckens am Unterlauf des Yangzi. Wie ihr Name – er bedeutet „südlich des Sees" – bereits andeutet, liegt sie südlich des Dongting-See, dessen Schönheit die Dichter besungen haben. Sie liegt nicht ganz so abgelegen wie ihre Nachbarprovinz Guangdong, war für lange Zeit das „Land der Chu" aus dem „Zeitalter der Streitenden Reiche" und hat sich seit uralten Zeiten eine eigene Tradition bewahrt.

Zur Zeit der Han hatte sich im Reich der Chu eine ritualistische Tradition der Shang noch am reinsten erhalten, insbesondere die Praktiken der Wahrsagerei. Der geographische Teil des „Buches der Han", der sich mit den in dieser Region vorherrschenden Gebräuchen befaßt, führt aus, daß die Bewohner an Zauberer und Dämonen glauben und allen möglichen kultischen Praktiken nachgehen. Die Seelen der Verstorbenen wurden mit einer außergewöhnlichen Inbrunst verehrt; die Feierlichkeiten enthielten Praktiken, die vermutlich schon sehr alt waren. Dies bestätigen auch die beiden Begräbnisstätten, die man 1973 in Zitanku und in Mawangdui im Gebiet von Changsha, der heutigen Hauptstadt Hunans, gefunden hat.

Die Fahnen, die man, über die Särge der Begräbnisstätte von Mawangdui im Gebiet von Changsha, der heutigen Hauptstadt Hunans, ausgebreitet, gefunden hat, sind besonders aufschlußreich. Die „fliegenden Umhänge" für den Verstorbenen auf seinem Weg zum Himmel, mit kosmologischen und mythologischen Szenen geschmückt, verweisen auf den Glauben an eine Reise ins Paradies und liefern eine Fülle von Informationen. Zuunterst sind die Welt der irdischen Kräfte und die dazugehörigen Gottheiten dargestellt; in der Mitte finden wir paarweise Drachen, die Reittiere auf dem Weg zum Himmel; sie laufen kreuz und quer in einem Ring aus Jade, der den Himmel symbolisiert. Große Mengen von ihnen hat man in Gräbern aus den verschiedensten Epochen gefunden. Betende Gestalten bringen Ritualopfer für die Reise des Verstorbenen in die Unterwelt dar, und Phönixe fungieren als Abgesandte der himmlischen Mächte, die im oberen, größeren Teil abgebildet sind. Neun der zehn Sonnen sind zu sehen, ebenso der Maulbeerbaum, der, einem alten Text zufolge, im Tal der aufgehenden Sonne wächst.
Diese Gemälde legen die Vermutung nahe, daß das Paradies mit dem Berg Kunlun in Zusammenhang gebracht wird, einem mythischen Ort, der jedoch mit dem Berg Meru, dem Axialberg der Inder, zu tun haben könnte.

Folgende Seiten: *Unter den Schätzen der Gräber von Mawangdui befinden sich auch zahlreiche seidene Manuskripte, so auch die* „Abhandlung über die Planeten“ (Xingjing); *eine Seite daraus ist hier abgebildet, sie beschreibt den Lauf der Planeten und Kometen. Die hölzerne Figur (Höhe 79 cm) mit geschnitzten Gesichtszügen trägt Tunika, Hut und ein mit Rauten verziertes seidenes Gewand; auf ihrer Schuhsohle finden wir die Inschrift „Oberster Diener“.*

In Grab 3 in Mawangdui (nahe Changsha, Hunan), das auf 168 v. Chr. datiert wird, wurden viele Dokumente aus Seide gefunden. Darunter befindet sich diese Rolle, die mit Wolken, Sternen und Kometen sowie den dazugehörigen Symbolen bemalt ist. Zu jeder der 300 Einzeldarstellungen, aus denen das Bild besteht, wurden zahlreiche astronomische, meteorologische und astrologische Anmerkungen gebracht. Aufgrund des schlechten Zustands der rückseitigen Verstär-

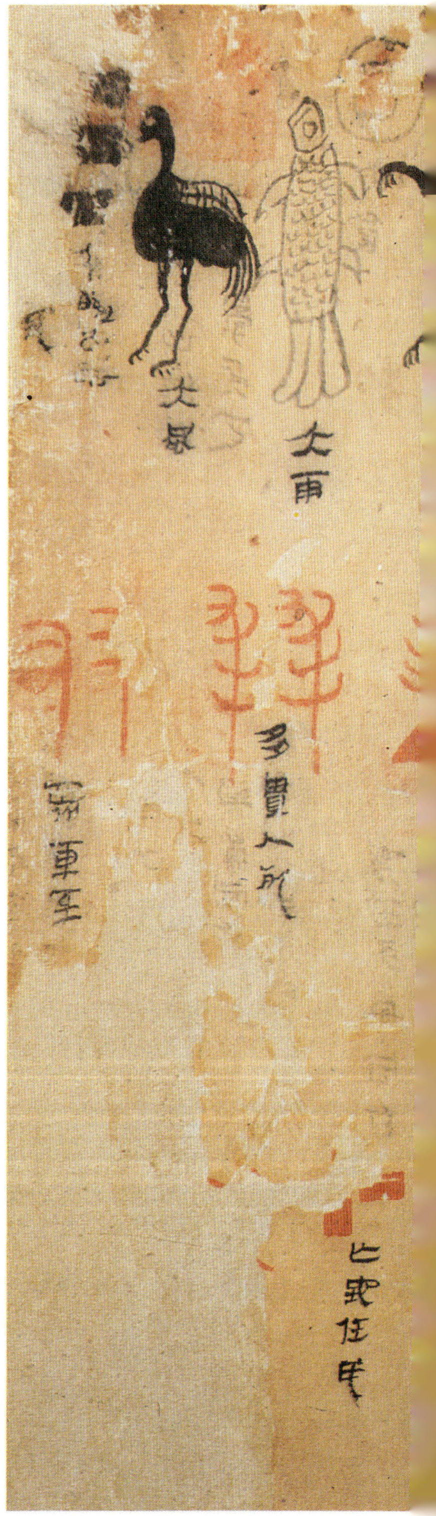

kung können nicht alle Texte entziffert werden. Dennoch können hier und dort Vermutungen über Weissagungen angestellt werden: „Ein Bote wird ankommen“, oder: „Das (Reichs-)Gebiet wird sich ausdehnen“, oder: „Der Krieg wird ausbrechen.“ Im Gegensatz zu anderen Praktiken der Wahrsagerei scheinen sich diese Orakelsprüche, die ihre Eingebung aus dem Makrokosmos beziehen, mehr an die Gemeinschaft als an den einzelnen zu richten. Die Fülle an Einzelheiten über Form, Art und Wiederauftreten der Gestirne zeugt vom Ausmaß wissenschaftlicher Kenntnisse auf diesem Gebiet. Die Astrologie war jedoch einer der Wissenszweige gewesen, die der Erste Kaiser verboten hatte, und wahrscheinlich wäre diese Arbeit – trotz ihres wissenschaftlichen Interesses – 50 Jahre früher verurteilt worden.

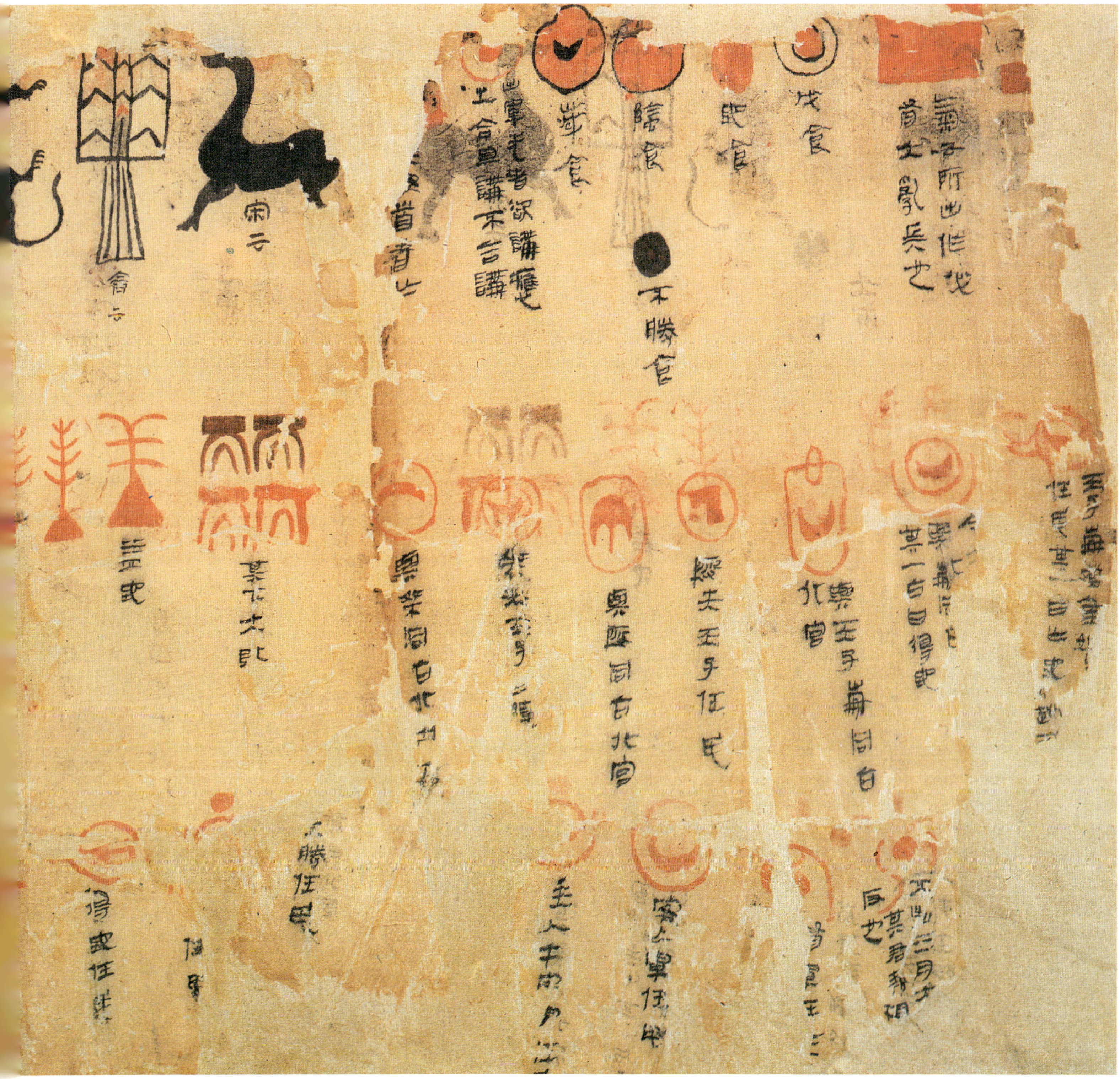

Guangdong

Aufgrund des heutigen Standes archäologischer Ausgrabungen in diesem Gebiet kann man nicht sagen, Guangdong habe ein technologisches und kulturelles Niveau erreicht, das dem seines Nachbarstaates Hunan im 2. Jahrhundert v. Chr. vergleichbar gewesen wäre. Auch die geographischen und klimatischen Bedingungen sowie die Bevölkerung unterschieden sich; es ist daher unwahrscheinlich, daß Lebensstil und Vorstellungswelt viel gemeinsam hatten.

Guangdong wird durch ein eigenes Flußsystem, das des Xi, entwässert, dessen Becken außerordentlich fruchtbar ist; Jagd und vor allem Fischfang ermöglichten rasch die Unabhängigkeit der Guangzhon-Region von den weiter nördlich liegenden Teilen Chinas. In kultureller und ethnischer Hinsicht stand Guangdong, in dem nichtchinesische Miao- und Yao-Völker lebten, dem Golf von Tongking näher. Zu Beginn der Han-Dynastie bildete dieses Königreich das Königreich Süd-Yue; dieser Name, auf chinesisch Yuenan, entspricht dem heutigen Namen Vietnam. Von den militärischen Feldzügen des ersten Qin-Kaisers sind nur die Reste einiger Garnisonen übriggeblieben; erst gegen Ende des 2. Jahrhunderts v. Chr. wurde dieser Region durch die aktive Siedlungspolitik des Han-Kaisers Wudi allmählich ein chinesisches Gepräge verliehen. Dieser Prozeß sollte mehrere Jahrhunderte andauern; unter dem Einfluß der Chinesen entwickelte sich der Küsten- und Tauschhandel mit entfernteren Ländern (Südostasien, Taiwan, Indonesien) außerordentlich.

Das Grabmal des Königs der Südlichen Yue

Das Grabmal des Königs der Südlichen Yue aus der Periode der Westlichen Han, das man im Juni 1983 in Xianggang in der Stadt Guangzhou freigelegt hat, ist das größte Grabmal der Guangdong- und Guangxi-Region mit einer steinernen Grabkammer. Über 1000 Gegenstände hat man in dem Grabmal gefunden, die Hälfte davon aus Bronze, so auch der nebenstehende Dreifuß im typischen Stil der Südlichen Yue. Unter den Jade-Gegenständen befinden sich neben der Kleidung des Königs und zahlreichen Pi-Scheiben auch der unten abgebildete Pokal und der großartige, mit Gold überzogene Anhänger mit Loch, den wir auf der nächsten Seite sehen.

Man fand insgesamt 19 Siegel; dieses hier ist eines der größten, es trägt die Inschrift „Kaiserliches Siegel König Wens“ und besagt somit, daß der Besitzer des Grabes der König des zweiten Königreiches der Südlichen Yue war.

Yunnan

Im Gegensatz zu den relativ spärlichen archäologischen Funden von Guangdong hat man seit 1955 in der nahegelegenen Provinz Yunnan eine Fülle von Gegenständen entdeckt. Die Gründe hierfür sind historischer Art; seit frühester Zeit, nach Gründung des Königreiches Dian Ende des 4. Jahrhunderts durch einen von einem Feldzug zurückkehrenden Chu-General, hat das heutige Yunnan eine blühende Unabhängigkeit genossen. Dieses Königreich erlebte zwei Jahrhunderte des Friedens und blieb sogar von den Feldzügen des ersten Qin-Kaisers verschont; erst im Jahre 109 v. Chr. wurde es vom Han-Kaiser Wudi unterworfen, der daraufhin dem Dian-König ein persönliches goldenes Siegel verlieh.

Dieser Gebirgsstaat verdankte seinen Reichtum zweifellos dem Frieden, in dem er lebte, aber auch dem Ausmaß seiner Landwirtschaft und der Entwicklung des Handels. Die Gegend um Kunming, die heutige Hauptstadt der Provinz, war in der Tat ein Schlüsselgebiet der Verkehrsverbindungen mit der indochinesischen Halbinsel; Stoffe und Bambusgegenstände aus dem weiter nördlich gelegenen Sichuan wurden durch dieses Gebiet befördert. Archäologische Funde zeigen, daß die Kultur des Königreiches Dian aus einer Mischung der von chinesischen Kaufleuten und Soldaten mitgebrachten Traditionen und einheimischer oder fremder Einflüsse bestand. Die Tierkunst erlebte eine außerordentliche Blütezeit und war ganz mit der Vitalität der Kunst der Steppe durchdrungen; in der Tat ähneln bestimmte Bestattungsbräuche denen Nordwestchinas.

Bronzemodell eines Gebäudes. Im Innern ist eine kleine Nische, die den Kopf eines Mannes enthält. Die dargestellten Figuren tanzen oder spielen auf Musikinstrumenten – möglicherweise stellt die Szene ein Familienopfer dar.

Oben: *Das goldene Siegel mit Griff in Form einer Schlange (Länge 2,4 cm, Gewicht 90 g) trägt eingeritzt die Schriftzeichen „Siegel des Königs von Dian". Das alte Geschichtswerk* Shiji *besagt, daß es vom Hof der Han im zweiten Jahr der Regierung Yuanfengs (109 v. Chr.) als Zeichen der Macht verliehen wurde.*

Links: *Bronzefigur eines knienden Mädchens, das einen Schirm hält (Höhe 104 cm).*

Die Kunst des Königreiches Dian zeichnet sich durch Gegenstände aus, in denen sich Formen vermischen; zum Beispiel die Trommel, typisch für die Kunst Südostasiens, und einen Stil, der an Motive der Kunst der Steppenvölker erinnert. Der Deckel dieses Kauri-Behälters (die Kaurimuschel galt als Zahlungsmittel) zeigt 127 menschliche Gestalten, die ein Fest begehen. Der Stammesanführer sitzt auf dem Altar, um ihn herum finden Tieropfer, Tänze und ein Festessen statt. Die seitlichen Griffe bilden zwei Tiger, Tierpfoten die Füße.

Rechte Seite: *Dieser Deckel eines Kauribehälters (Durchmesser 30 cm) zeigt eine Kampfszene. Diese Kunsterzeugnisse zeichnen sich vor allem durch ihren realistischen und lebhaften Darstellungsstil aus.*

Haustiere und wilde Tiere,
ein immer wiederkehrendes Thema

Kämpfe zwischen Tieren und, häufiger noch, der Angriff wilder Tiere oder Schlangen auf ein Haustier sind in der Kunst der Steppenvölker seit dem 1. Jahrtausend v. Chr. ein immer wiederkehrendes Thema. Auf dieser Bronzetafel (Höhe 43 cm, Gewicht 12,55 kg) wird ein Büffel von einem jungen Tiger angefallen; das Kalb unter seinem Bauch bildet einen dramatischen Kontrast.

Nächste Seite: *Die bronzene Kopfstütze (Höhe 32,5 cm), an deren beiden Enden Stierfiguren stehen, trägt auf der Vorderseite ein Relief mit Tigern, die Stiere zerfleischen.*

Das Thema dieser Ziertafeln behandelt immer einen Kampf zwischen Tieren; ausgenommen hiervon ist das oben abgebildete Beispiel zweier Tänzer (die sich stark von denen der Dian unterscheiden). Unten springt ein Tiger einem Stier an die Gurgel. Die Bildersprache auf der nächsten Seite ist noch eindringlicher: zwei Wölfe packen zur gleichen Zeit ein Rehkitz; die Brutalität der Szene wird mit einer außergewöhnlichen Unmittelbarkeit dargestellt.

„Die große Stadt des Westens versinkt im Chaos,
von Tigern und Wölfen verwüstet.
Wieder einmal soll ich aus China verbannt werden
und in barbarischen Ländern in Knechtschaft leben.
Ich erklomm die Bergkette von Baling im Süden.
Wenn ich auf Chang'an zurückblicke,
gedenke ich meiner Toten bei den Gelben Quellen,
und ein Seufzen zerreißt mein Herz."

Östliche Han-Dynastie

1.–2. Jahrhundert n. Chr.

Neuerliche barbarische Einfälle in chinesisches Gebiet kündigten den Niedergang des ersten Han an und beschleunigten diese Entwicklung gleichzeitig. Die eigentlichen Ursachen der Krise lagen jedoch nicht in der Unsicherheit der Grenzen, sondern im Reich selbst. Macht und Stabilität der Institutionen hatten ein beispielloses wirtschaftliches Wachstum Chinas ermöglicht. Aber eben dieses Wachstum veränderte Gesellschaft und Alltagsleben und war so verantwortlich für einen fortschreitenden Verfall jener Institutionen, die für den Aufstieg einer reichen und mächtigen Bourgeoisie nicht gerüstet waren.

Der Usurpator Wang Man versucht mit seiner Xin- („Neuheit") Dynastie in den Jahren 9–23 v. Chr. vergeblich, diesen Trend rückgängig zu machen. Wohlhabende Familien erkannten die Gefahr, die von einer wachsenden Instabilität ausging, und verhalfen einem Mitglied des kaiserlichen Clans der Liu auf den Thron. Er nannte sich Guangwudi und verlegte die Hauptstadt weiter nach Osten, nach Luoyang; so begann die Zeit der späteren oder Östlichen Han – so genannt, weil ihre Hauptstadt weiter östlich lag als die frühere

Oben: *Drei Han-Würdenträger. Cai Yong (133–192), ein äußerst intelligenter Herrscher der Östlichen Han, dessen Tochter mit einem Barbarenkönig verheiratet wurde, mit dem sie 12 Jahre zusammenlebte. Zhou Yafu, ein hervorstechender Politiker im Dienste der Kaiser Wendi und Kingdi (von 179 bis 139). Wei Qing, General der Östlichen Han.*

Hauptstadt Chang'an. Für ein Jahrhundert kehrten frühere Macht und früherer Glanz zurück: Wohlstand im Innern und Anerkennung von außen.

Klassische Studien, die bereits unter den ersten Han wieder einen Ehrenplatz erhalten hatten, erlebten eine außerordentliche Blüte. Werke wie „Klassik der Dichtkunst", die „Abhandlung über die Musik", die Ritualbücher und historischen Texte wurden wieder geehrt, kommentiert und in die Praxis umgesetzt. Ein stark konfuzianistischer Zug wurde spürbar; gleichzeitig kursierten in Hofkreisen zahlreiche esoterische philosophische oder religiöse Ideen. Man nimmt allgemein an, daß in jener Zeit während der Regierung des Kaisers Mingdi (58–76 n. Chr.) die ersten Vorstellungen vom Buddhismus auftauchten. All diese Strömungen hatten sehr wohl mit dem intellektuellen Gärstoff und der Erregung zu tun, die das Land langsam ergriffen und den Weg für den Niedergang der Zentralmacht ebneten. Ganz allmählich nahmen die gleichen inneren Konflikte zu, die schon die erste Han-Dynastie zu Fall gebracht hatten. Die Lage wurde noch schwieriger durch das Auftreten messianischer Sekten. Mächtig und nach weltlichem Vorbild organisiert, stellten sie für den Staat bald eine Bedrohung dar: Tausende von Gläubigen, Versammlungen, andersgläubige Riten, Beitrittsabgaben (fünf Scheffel Reis zum Beispiel), die der Staatskasse entgingen. Die Oberpriester glichen manchmal eher Stammesführern, so in der Bewegung der „Gelben Turbane" und der „Roten Augenbrauen". Die Macht verlagerte sich vom Kaiser weg und hin zu den großen Grundbesitzerfamilien und den Palasteunuchen; umherziehende Soldaten und Bauern gaben den Gnadenstoß. Damit begann erneut eine Zeit der Spaltung und der Kleinfürsten.

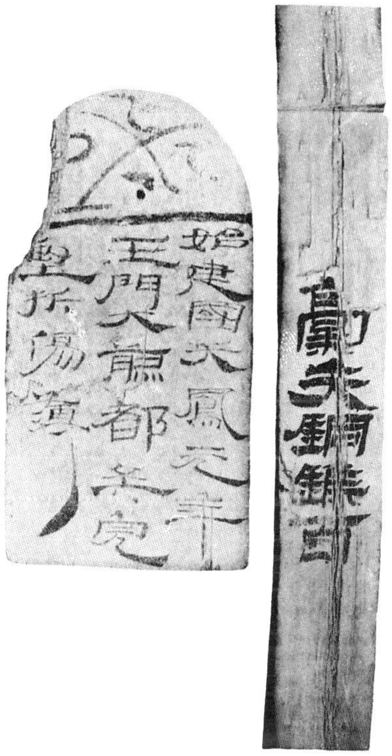

Bruchstücke von Papier und Holztafeln, die man in der Nähe der Großen Mauer fand. Sie enthalten Kampfbefehle, Militärberichte und so weiter.

Sichuan

In Chengdu, der Hauptstadt Sichuans, werden Ziegel aufbewahrt, die bei Bestattungen benutzt wurden; diese Ziegel tragen Basreliefs, die uns – mehr noch als die Darstellungen auf Krugdeckeln – Aufschluß geben über die Besonderheiten des täglichen Lebens in Yunnan. Es werden sowohl Szenen im Haus als auch im Freien dargestellt; der Stil der Darstellungen ist einfach und kraftvoll zugleich; weder die Gebäude noch die Kleidungsstücke weisen die fremdländischen Merkmale Yunnans auf. In künstlerischer Hinsicht wurden die Probleme der Perspektive in einer für die Zeit des Östlichen Han überraschend neuen Art und Weise angegangen, und die Tiefenwirkung ist oft sehr gekonnt wiedergegeben. Es werden die unterschiedlichsten Aktivitäten dargestellt; die Tätigkeiten der Fischer, Jäger, der Arbeiter in den Salzminen, der Schnitter und Hausbediensteten sind meisterlich dargestellt. Man weiß, daß all diese wirtschaftlichen Akti-

vitäten im Sichuan der Han-Zeit auch tatsächlich stattfanden: die Lackarbeiten waren hochgeschätzt, und durch das Gießen von Eisen, durch Weberei und durch die Nutzung der Salzminen und der landwirtschaftlichen Ressourcen wurden gewaltige Reichtümer angesammelt. Die Randlage Sichuans begünstigte die wirtschaftliche Ausdehnung; den hier gefertigten Produkten stand in den Ländern Südostasiens ein natürlicher, zusätzlicher Absatzmarkt offen.

Diese Ziegel lassen im Grabmal eine Vielzahl von Szenen des täglichen Lebens wiederauferstehen.
Oben: *Ein Innenhof und eine Szene mit Musikanten und Tänzern.*
Unten: *Das geschäftige Treiben in einem Kornspeicher.*
Folgende Seiten: *In der Mitte eine Prozession, das Eingangsportal, eine sitzende Person in Erwartung von Befehlen und weitere Szenen mit Musikanten und Tänzern.*

Gansu

Unter den Han erlebte Gansu starke militärische Aktivitäten und ein ausgedehntes Siedlungsprogramm. Die Generäle Kaiser Wudis griffen die barbarischen Xiongnu an und warfen sie zurück; sie gründeten Schutzgebiete und errichteten Verteidigungsanlagen. Trotz der Erfolge General Ban Chaos in Zentralasien im 1. Jahrhundert n. Chr. waren die späteren Han-Herrscher weniger angriffslustig; zu ihrem Glück war auch die Bedrohung durch Nomaden dieser Region viel geringer. Unklar ist, ob die Taktik, die auch die Herrscher der zweiten Han-Generation den Xiongnu gegenüber an den Tag legten, von Schwäche oder von strategischen Überlegungen bestimmt war. Geschenke an die Nomaden der Steppe, insbesondere an die Nomaden der Oasen Zentralasiens, nahmen in solchem Maße zu, daß sie sich zum Ende des 1. Jahrhunderts auf Hunderte von Millionen von Münzen und Millionen von Seidenballen beliefen. Diese Politik belebte Handwerk und Gewerbe Chinas, förderte das Ansehen der Han und trug vor allem zu einer beachtlichen Entwicklung des Handels in Gansu, dem Ausgangspunkt der Seidenstraße, bei; ihre negativen Auswirkungen waren jedoch nicht weniger wichtig: langsam, aber sicher wurden die öffentlichen Gelder aufgebraucht, und viele chinesische Bauernfamilien wurden zugrunde gerichtet – Kaiser Wudi hatte Hunderttausende dieser Familien dort siedeln lassen, um den chinesischen Einflußbereich auszuweiten und die Grenzen festzusetzen.

In den Oasen und Karawanenstädten Nord-Gansus, in Dunhuang, Wuwei, und bis nach Turfan in der heutigen westlichen Provinz Xinjiang und Juyan im Westen der Inneren Mongolei findet sich eine be-

achtliche Anzahl archäologischer Überreste aus dieser Zeit. Unter den Funden sind Hinweise auf chinesische Verwaltungstätigkeit in Form zahlreicher Inschriften auf Holzleisten oder Seide (Urkunden, militärische Befehle, Gesetzeserklärungen), des weiteren Ackergeräte aus Holz und Eisen, hölzerne Figürchen, stolze Bronzepferde und -reiter, deren Bewegungen meisterlich festgehalten sind – typische Beispiele des Geschmacks der Han. Diese Funde liefern wertvolle Informationen über die kulturelle Mischung dieses Gebiets. Die prächtigen Bronzepferde und -reiter, Bestattungsfigürchen aus dem Grab eines chinesischen Generals bei Wuwei, zeugen von großer Pferdekenntnis und erinnern daran, daß die Kavallerie sowohl der Stolz der Armee der Han als auch das einzige wirksame Mittel im Kampf gegen nomadische Eindringlinge war, die selbst kühne Reiter waren, die ohne Vorwarnung auftauchten und dann wieder in der Wildnis verschwanden.

Die vier Bronzefigürchen (Höhe 22 cm) tragen auf der Rückseite die Inschrift „Diener Zhangs".

Nächste Seite: *Eines der berühmtesten Beispiele der Han-Skulptur, das fliegende Pferd; seine Bewegungen sind in ihrer ganzen Natürlichkeit festgehalten, drei Hufe befinden sich in der Luft, der vierte ruht auf einem Vogel.*

So formvollendet sie auch sind, sollten uns diese Figürchen jedoch nicht die Vielzahl einfacher, geschnitzter und bemalter Holzfiguren (Zugochsen, wirklich existierende oder mythologische wilde Tiere) vergessen lassen, die von den Fähigkeiten der örtlichen Handwerker Zeugnis ablegen.

Leitai, das Grab eines Han-Generals

Oben rechts: *Das Pferd des Verstorbenen besticht durch seine Größe (Höhe 51 cm, Länge 41,5 cm) sowie durch Sattel und Satteldecke.*

Oben: *Zwei Damen im Dienste Zhangs.* Unten rechts: *Ein Sklave und ein Pferd; die Inschrift auf der Brust des Pferdes besagt, daß sie dem verstorbenen „Statthalter von Zhangye" von einem niederen Beamten dargebracht wurden.*

Nächste Seite: *Ein mit ungewöhnlichem Naturalismus und ausdrucksvoller Kraft stampfendes und wieherndes Pferd (Höhe 36,5–38 cm, Länge 34–36,5 cm).*

In einer der Seitenkammern des Grabmals Zhangs hat man Bronzemodelle 14 verschiedener Wagentypen, 39 Pferde, 17 Soldaten und 28 Diener gefunden. Sie sind in einer Prozession angeordnet; die zwei Soldaten an der Spitze des Zuges sind ranghöher als die nachfolgenden, wie am Schmuck auf ihren Hüten abzulesen ist. Der überdachte Shao*-Wagen ist dem Besitzer des Grabes vorbehalten.*

Innere Mongolei

Die Innere Mongolei, eine autonome Verwaltungsregion, liegt südlich der Äußeren Mongolei, die zum Sowjetblock gehört und dreimal so groß ist, aber nur ein Fünftel der Bevölkerungszahl der Äußeren Mongolei erreicht. Die überwiegende Mehrheit der 6,5 Millionen Einwohner der Inneren Mongolei lebt nahe der Grenze zu den Nachbarprovinzen Shenxi, Shanxi und Hebei. Es wäre zu einfach, die Mongolei, ein Land jenseits der Großen Mauer, in dem nomadische Reiter lebten, die Viehherden hielten und zur Jagd gingen, zur Zeit der Han und auch später als homogenen Staat anzusehen, der sich von den angrenzenden chinesischen Provinzen grundlegend unterschied. Obwohl die Mongolen im 13. Jahrhundert letztendlich die erste fremde Dynastie, die Yuan, auf den Thron eines ungeteilten Chinas brachten, stellten sie keine größere Bedrohung dar als zu anderen Zeiten die Xiongnu oder die Jurchen. Die Region längs der Großen Mauer erwies sich als ein Grenzgebiet, in dem zu manchen Zeiten der Handel mit Pferden und chinesischen Produkten blühte. Diese Region ermöglichte einerseits Kontakte zwischen den Kulturkreisen der Steppe und Chinas, fungierte andererseits aber auch als Trennungslinie.

Unter den späten Han profitierten die Bewohner der heutigen Mongolei von der Taktik der Chinesen den Barbaren gegenüber, die sich in nichts von ihrem Verhalten gegenüber den Xiongnu in Gansu unterschied. Sie erhielten Geschenke, insbesondere Seide, als Gegengabe für Frieden und Unterstützung des Reiches. Tatsache ist, daß viele nomadische Reiter sich den Armeen der Han anschlossen; im Verlauf der ersten zwei Jahrhunderte gelang es den Bauernfamilien, die in der Mongolei angesiedelt wurden, und den chinesischen Beamten, die man dorthin versetzt hatte, teilweise, die Nomadenbevölkerung seßhaft zu machen.

Dieser Prozeß hat zahlreiche archäologische Spuren hinterlassen. So wie in Gansu finden sich auch hier Verwaltungstexte auf Holzstreifen oder sogar Wandgemälde, wie jene der Helinger-Gräber, nahe Huheot, die festliche Szenen, Bodenbestellung, feierliche Züge von Streitwagen und das Innere von Häusern darstellen. Die Kunstfertigkeit erreicht bei weitem nicht den Grad der Vollendung wie zum Beispiel die der Bestattungsziegel von Sichuan; sie ähnelt vielmehr den bemalten Ziegeln aus dem 3. Jahrhundert n. Chr., die man bei Jiayuguan in Gansu gefunden hat. Zweifellos war der künstlerische Ausdruck zu jener Zeit etwas unbeholfen, insbesondere an der nördlichen Grenze Chinas. Wie dem auch sei, die Themen sind gänzlich chinesisch, und das überrascht auch nicht, wenn man bedenkt, daß Helinger nur 100 km von der berühmten Stadt Datong in Nord-Shenxi entfernt lag.

Aufgrund ihres Lebensstils neigten die Nomaden dazu, mit vergänglichen Materialien zu arbeiten; in vielen Fällen haben diese sich nicht bis auf den heutigen Tag erhalten. Die stattliche Menge von Juwelen mit Tiermotiven, manchmal in Gold und Halbedelsteinen, die

man an verschiedenen Orten der heutigen Inneren Mongolei entdeckt hat, sind jedoch rein lokale Kunsterzeugnisse, die Zweifeln am technischen Können und an den Fähigkeiten der Handwerker der Steppe keinen Raum lassen.

Die Horinger Gräber und ihre Wandgemälde

In der Inneren Mongolei, einem Land der Pferdezucht, finden sich zahlreiche Han-Gräber mit Wandgemälden, die Pferdethemen darstellen, daneben auch astronomische Motive.

Nächste Seite: *Die Abfahrt eines Wagens; Pferde, die sich gegenseitig jagen, und Pferde, zur Parade aufgestellt.*

Eine Prozession in Sha'anxi

Das in Yangjiawan in der Stadt Xianyang freigelegte Han-Grab enthielt eine besonders starke Terrakotta-Armee

(Höhe 48–48,5 cm) in Schlachtordnung. Die Formation wird von Musikanten angeführt, deren Instrumente – weil vermutlich aus Holz – verschwunden sind. Die 8 Reiter sitzen – wie andere Statuen, die man in diesem Gebiet gefunden hat – auf Pferden, deren Vitalität die der fügsamen Pferde der Wache des Ersten Kaisers weit übertrifft. Eine Theorie hierüber besagt, daß diese Pferde eine Neuzüchtung aus verschiedenen Rassen sind, vom Pferd Baktriens abstammen und sich vom Pony des alten China sehr stark unterscheiden.

Vier Jahrhunderte Kampf

Das chinesische Mittelalter

Mit Beginn des 3. Jahrhunderts kam es in China zu einer weiteren Vermischung verschiedener Bevölkerungsteile, wobei die Han das führende Element bildeten. In der Wei- und Jin-Periode und während der darauffolgenden Zeit der nördlichen und der südlichen Dynastien erlebten die Zentralebenen beständig Kriegszeiten, während es im mittleren und unteren Tal des Changjiang als Ergebnis langjähriger Bemühungen des Königreiches Wu ein beachtliches Wirtschaftswachstum gab. Das geteilte China jener Zeit stellt ein Verbindungsglied zwischen Vergangenheit und Zukunft dar – ein Vorläufer der wirtschaftlichen und kulturellen Blüte der Tang-Dynastie.

Beim Niedergang der Xiongnu und dem Aufstieg der Xianbei gründeten die Toba in Nordchina die Dynastie der Nördlichen Wei (386–534 n. Chr.). Die Grabbeigaben aus einem Grabmal, das man in dem Ort Meidai in der Autonomen Region Innere Mongolei freigelegt hat, sind ein typisches Beispiel aus der Anfangsphase der Xianbei-Kultur. Unter den verschiedenen Funden sind auch eine Bronzeaxt und eine Gürtelschnalle im Stil der Xiongnu; dies deutet darauf hin, daß die Toba zu Beginn ihrer Herrschaft zahlreiche Merkmale der vorangegangenen Kultur übernahmen; ein *Pan* (Pfanne oder Schale) mit Griff in Form eines Drachenkopfes zeigt den Einfluß der Han-Kultur, während der ziegenfußartige Ständer typisch ist für Nomadenvölker. Gegen Ende der Epoche der Nördlichen Wei unterschieden sich die Grabbeigaben nicht mehr von denen der Zentralebenen – dieses Phänomen zeigt deutlich, daß die Wei die Han-Kultur übernommen hatten.

1965 wurde das Grab Feng Sufus, eines Mitglieds der königlichen Familie der Nördlichen Yan, bei Beipiao in Liaoning entdeckt. Es zeigte, daß es unter den nördlichen Bevölkerungsteilen während der Zeit der Sechzehn Königreiche (Anfang des 4. Jahrhunderts) weiterhin zu Vermischungen kam. Die Funde zeugen von einem starken Lokalcharakter; sie veranschaulichen die Gebräuche und Traditionen der Xianbei und lassen gleichzeitig die Ähnlichkeiten mit den Grabbeigaben der Han-Oberschicht deutlich werden. Wandmalereien zum Beispiel stellen Themen wie Himmelskarten, Umzüge und Szenen aus dem Familienleben dar.

Detail einer lackierten Holztafel aus dem Grabmal Sima Jinglongs in Datong (Shanxi).

Die Gräber jener Epoche zeugen vom Aufstieg reicher und mächtiger Familien gegen Ende der Dynastie der Östlichen Han. Sowohl im Norden als auch im Süden hat man große Mengen von Familienbeisetzungsstätten gefunden, bei denen nun allmählich auch Grabinschriften auftauchen, die über die Geschichte der Familie, das Leben und die soziale Stellung der Besitzer Aufschluß geben. In einigen Fällen wurden in den Gräbern auch Besitzurkunden aufbewahrt, in denen Umfang und Wert der Ländereien, die der Verstorbene erworben hatte, aufgezeichnet waren.

Zu den wichtigsten Funden zählen die farbigen Holzwände mit Lackbildern, die man im Grabmal Sima Jinglongs (484 n. Chr.) aus der Zeit der Nördlichen Wei in der Stadt Datong in Shanxi entdeckt hat. Die Gemälde haben Kaiser, Minister, tugendhafte Damen und gehorsame Söhne zum Thema; zahlreiche Gedichte und erklärende Texte begleiten die Szenen – ein unübliches Detail. Die Gräber dieser Epoche haben außerdem feine Porzellanwaren zutage gebracht.

Im Gebiet Cixian (Hebei) am nordwestlichen Rand der Hauptstadt Yechengs, befindet sich die Grabstätte der adeligen und königlichen Familien aus den Epochen der Östlichen Wei und der Nördlichen Qi. Bei Taiyuan, der zweiten Hauptstadt der Dynastie der Nördlichen Qi, hat man in jüngster Zeit die Gräber von Familien der Östlichen Wei und der Nördlichen Qi freigelegt. Unter den Funden sind Wandgemälde sowie Terrakotta- und Porzellanfigürchen. In jüngster Zeit hat man Gräber der nördlichen Dynastien entdeckt, insbesondere das Grab Lou Ruis, einer einflußreichen und bekannten Persönlichkeit, die mit einer Kaiserin verwandt war. Die Gänge und Kammern seines Grabmals waren mit 200 m² Wandgemälde bedeckt. Man fand über 800 Grabbeigaben, darunter 600 Terrakotta-Figürchen. Durch die Entdeckung dieser Gemälde, die in historischen Dokumenten erwähnt worden waren, konnten Lücken in der Geschichte der chinesischen Kunst geschlossen werden.

Die darauffolgenden Sechs Dynastien (220–539 n. Chr.) hatten die heutige Stadt Nanjing in Jiangsu zur Hauptstadt (zur Zeit der Östlichen Wu hieß sie Jianye, später Jiankang). Als Hauptstadt war sie natürlich wirtschaftliches und kulturelles Zentrum; die Königsgräber mehrerer Dynastien liegen in ihrer Nachbarschaft. Mit Hilfe literarischer Quellen hat man hier und in den Gebieten von Danyang, Jiangling und Jurong 71 solcher Gräber gefunden; bei 31 davon ragen die Überreste aus dem Boden heraus. Acht Königsgräber wurden freigelegt, davon waren drei ohne sichtbare Spuren.

In dieser Zeit wurde es immer mehr üblich, alle Mitglieder eines Clans in einer einzigen Grabstätte beizusetzen. Die Kaiser der Qi- und Liang-Dynastien kamen alle aus Danyang und sind daher auch

An über 300 Grabungsorten in Nanjing und dem Gebiet von Danyang hat man Steinstatuen gefunden, die die Eingänge zu Gräbern hochstehender Persönlichkeiten bewachen. Hier verteidigen zwei Löwen und ein Paar „Säulen der Straße der Geister“ das Xiao-Ji-Grabmal des Prinzen Nankangjian, der im dritten Jahr der Regierungszeit Datongs (529 v. Chr.) aus der Liang-Dynastie starb.

alle hier begraben. Die Eingänge ihrer Gräber wurden von großen Statuen bewacht. An den Grabstätten verschiedener bedeutender Familien wurden Grabungsarbeiten durchgeführt; so an den sechs Grabmälern der Zhou-Familie in Yixing, die sich über ein Gebiet von 57000 m² erstrecken, und den sieben Grabmälern der Wang-Familie in Xianshan bei Najing, die ein Gebiet von insgesamt 50000 m^2 umfassen.

Während dieser Periode lagen die Gräber an der Seite oder am Fuß eines Hügels; in einer rechteckigen Höhlung wurde eine Kammer gemauert; durch diese Anordnung wurde ein Bestattungsschacht unnötig. Die Mehrzahl der Gräber bestand aus einer einzigen Kammer mit reliefverzierten Mauern aus Ziegelstein und einem oder zwei Torbogen, die im Giebelfeld Reliefs trugen. Die Kammern hatten gewöhnlich eine Entwässerungsanlage, damit Wasser abfließen konnte; es handelt sich hierbei um eine Besonderheit, die in Gräbern aus anderen Epochen in Südchina und jenen der halbdürren Gebiete Nordchinas nur selten vorkommt. Die für Zeremonien errichteten Gebäude, die einst die Gräber überragten, sind verfallen, und die Überreste behauener Steine liegen in der Nachbarschaft verstreut. Seit der Errichtung der Volksrepublik hat man damit begonnen, mit Hilfe dieser behauenen Steine, die sich von der Han-Tradition ableiten und lokale und fremde Motive zu einem einzigartigen und ungewöhnlichen Stil verbinden, die Grabmäler zu restaurieren. Die Tatsache, daß die Wände mit geritzten Ziegeln verziert sind, ist ein weiteres Beispiel für

die Fortdauer typischer Han-Motive. Das Thema des Sagenungeheuers hat seinen Ursprung in der Han-Zeit; desgleichen ist bei der Ziegelherstellung der Gebrauch von Hohlformen zur Erreichung eines Hochreliefs traditionell. Anstelle szenischer Darstellungen auf Einzelziegeln fertigte man nun große Mosaiken; als Themen wählte man

Rechte Seite: *Ein glänzendes Beispiel eines mehrfarbigen Terrakotta-Pferdes, ausstaffiert mit Glöckchen, Bändern und anderem Zierat. Es handelt sich dabei um eines von über 1 000 Figürchen, die man 1979 im Grabmal der Prinzessin Ru Ru in Hebei gefunden hat.*

die traditionellen weißen Tiger und blauen Drachen, Schutzlöwen und mit Lanzen bewaffnete Soldaten sowie Reiter. Besonders ein Bild verdient erwähnt zu werden: „Die sieben Weisen des Bambusdikkichts" spiegeln meisterlich den Geist der Gelehrten jener Zeit wider – originell, dekadent, jeder mit einer ausgeprägten Persönlichkeit und durch verschiedene Pflanzenarten, in denen der Künstler seine Phantasie zeigt, voneinander getrennt.

Die Brenn- und Herstellungstechniken der Seladon-Töpferwaren erreichten einen neuen Höhepunkt. Eine wissenschaftliche Untersuchung der in den Brennöfen von Yixing und Nanjing gefundenen Gegenstände hat ergeben, daß die Stücke bei Temperaturen zwischen 1160° und 1260° und einer Absorption von 3–7% gebrannt wurden.

Diese Gegenstände sind merklich härter und haben eine makellosere Glasur als die glasierten Töpferwaren der Han-Dynastie. Die zur Zeit des Östlichen Wu gebräuchlichsten Formen sind der *Bo*-Becher, der zweihenkelige *Guan*-Krug, die *Yu*-Schale, Öllampen und Modelle von Kornspeichern, Brennöfen, Hühnerhäusern und so weiter, die als Grabbeigaben dienten. Während der Jin-Dynastie tauchte eine große Anzahl neuer Formen auf; gleichzeitig erhielten die Kunsterzeugnisse Verzierungen in Tierform: Gefäßöffnungen nahmen die Form von Hühner- oder Tigerköpfen an, die Henkel wurden zu Drachen. Das regelmäßige Vorkommen der Lotosblume auf den Seladon-Töpferwaren am Ende der Epoche der Sechs Dynastien gilt als Hinweis auf die Ausbreitung des Buddhismus.

Nördliche und südliche Dynastien

3.–6. Jahrhundert n. Chr.

Die Nördlichen Wei, barbarischer Herkunft, wurden während dieser unruhigen Zeit zu einer der mächtigsten Dynastien. Hier sehen wir Kaiser Taiwudi (424–451) auf dem Thron, umgeben von seinen Ministern, von denen jeder eine Jade-Tafel, das Zeichen seines Amtes, in der Hand hält.

Die Geschichte Chinas nach dem endgültigen und offiziellen Zusammenbruch der Han im Jahre 220 n. Chr. ähnelt einem Roman, in dem die Sieger von heute die Besiegten von morgen sind; die Anwärter auf eine Gebietsherrschaft waren reiche chinesische Grundbesitzer oder wilde Stämme, wobei letztere die Erstgenannten regelmäßig aus den Provinzen am Unterlauf des Yangzi vertrieben. Die einzelnen Kapitel dieses Romans tragen so klangvolle Überschriften wie die „Drei Königreiche", die „Sechs Königreiche der fünf Barbaren" oder die „Sechs Dynastien". Diese Jahrhunderte, in denen die Institutionen Chinas reiften und auf die Probe gestellt wurden, waren von wechselvollen Geschicken und farbenprächtigen Charakteren (Kriegern, Strategen) geprägt.

Einfach ausgedrückt: In Nordchina, vor allem im Becken des Gelben Flusses, ging seit Beginn des 4. Jahrhunderts die Macht allmählich von chinesischen Großgrundsitzern auf Barbarenstämme über, die sich rasch anpaßten. Der Süden war zwar nicht befriedet; er erfreute sich aber eines wirtschaftlichen Wohlstandes, der tiefgreifende Folgen hatte. Zunächst wurden nach und nach die Aristokraten – gleich, ob ortsansässig oder aus dem Norden stammend – zugunsten einer blühenden Kaufmannsbourgeoisie aus den höchsten politischen Rängen verdrängt. Hierdurch erhielt der Süden eine historische Bedeutung, welche die nördlichen Provinzen bis dahin für sich beansprucht hatten; der Süden sollte diese Bedeutung nie mehr verlieren. In diese Zeit fällt beispielsweise auch der Aufstieg Nankings, das für zweieinhalb Jahrhunderte Hauptstadt der Dynastien des Südens sein sollte. Die seßhaft gewordenen Nomaden, die in Luoyang und Chang'an lebten, den beiden Städten, die weiterhin Hauptstädte blieben, übernahmen rasch eine starke legalistische Regierungsform. Die Institutionen Chinas gingen aus diesen unruhigen Jahrhunderten keinesfalls geschwächt hervor; vielmehr haben die uralten barbarischen Stämme der Steppe ihnen ihre Lebensfähigkeit bescheinigt.

Kaiser Wendi, der erste Kaiser der Wei. Die Wei waren eines der Drei Königreiche, die auf die Han-Dynastie folgten und China im 3. Jahrhundert beherrschten.

Die neuen Herrscher im Norden führten ihre Expansionskriege in Richtung auf den Unterlauf des Yangzi nicht systematisch durch. Der Süden war wohlhabend und groß genug, sich verteidigen zu können. Hinzu kam, daß die nördlichen Königreiche alle Hände voll zu tun hatten, um mit den Einfällen der Ruanruan, der Xia und anderer Barbaren fertig zu werden. Durch Handel konnte oft mehr erreicht werden. Stahl, Brokat, Keramik und Luxusartikel waren im Norden sehr geschätzt; Kaiser Xiaowen aus Nord-Wei ließ als Zeichen seiner großen Bewunderung zu Beginn des 6. Jahrhunderts sogar seine Hauptstadt Luoyang, die bereits 500 000 Einwohner zählte, nach dem Vorbild Nankings mit mehr als 1 Million Einwohnern neu errichten.

Diese Zeitspanne wird chinesisches Mittelalter genannt; im Gegensatz zu Europa, wo die Renaissance auf das Mittelalter folgt, gab es in China die entsprechenden Phänomene gleichzeitig. Einerseits entwickelte sich in allen Gesellschaftsschichten ein religiöser Eifer, während sich andererseits eine außergewöhnlich kultivierte Gelehrtenkunst auf den Gebieten Literatur und Musik, Kalligraphie und Malerei entfaltete. Die Gelehrten – Überlebende untergegangener Dynastien oder Opfer ungerechter Behandlung – versuchten oft, in literarischen Zirkeln Eingeweihter oder in ländlicher Abgeschiedenheit den Wechselfällen der Welt zu entfliehen. Zu jener Zeit schrieb der Dichter Tao Yuanming (365–427) sein Gedicht „Rückkehr zum Landleben“:

Ma Lin: „Unter den Pinien dem Wind lauschen", Seidenmalerei, datiert auf 1246.

„Ich lebe daher alleine,
beherrsche meine Lebensenergie;
ich bereite mir einen Trank,
ich spiele die Zither;
ich entrolle Zeichnungen und betrachte sie in Abgeschiedenheit; so erforsche ich die verschiedenen Gebiete der Welt und kann dabei sitzenbleiben. Ich laufe nicht vor meinem Unglück davon, meine Einsamkeit spiegelt die wilde Leere der Natur wider. Bergspitzen und Gipfel ragen gewaltig empor, die dichten Wälder in der Ferne sind in Wolken gehüllt; der Glanz der Heiligen und Weisen soll nie verblassen, und alle Erscheinungen erstrahlen in ihrem Geist . . ."

„Als junger Mann, ohne Neigung zum beständigen Konkurrenzkampf
Und mit angeborenem gutem Geschmack, liebte ich die Berge.
Eine Zeitlang ging ich ungewollt der Zeit in die Falle,
Das hat mich dreizehn Jahre gekostet!
Der Vogel im Käfig träumt von den Wäldern seiner Vorfahren,
Der Fisch im Aquarium von dem Fluß, in dem er geboren wurde.
In der Einöde des Südens habe ich Land gerodet,
Und bin zum Land zurückgekehrt, im Herzen immer noch anspruchslos.

Kein Lärm dringt zu meinem Heim vor;
An meinem abgeschiedenen Ruheort habe ich genügend Muße.
Lange habe ich wie im Käfig gelebt;
Hier habe ich endlich zu mir selbst zurückgefunden."

Solche Rückkehr zu den Quellen der Natur führte manchmal zu einer gewissen Ernüchterung. Es waren jedoch nicht nur die Gelehrten, die nicht länger an die Werte dieser Welt glaubten; ganze Gesellschaftsschichten wandten sich von ihnen ab und übernahmen die Werte einer ganz bestimmten Form des chinesischen Buddhismus. In ein Kloster einzutreten, vermittelte ein gewisses Maß an physischer und materieller Sicherheit. Aufgrund verschiedener Anlässe und unter der Führung besonders frommer Herrscher wurde die buddhistische Geistlichkeit zu einer entscheidenden moralischen und wirtschaftlichen Kraft im Staat. Zu Beginn des 6. Jahrhunderts gab es am Unterlauf des Yangzi 13 000 Klöster. Aufgrund der Ausgaben für Luxusgegenstände, zum Beispiel das Gießen von Statuen, der Größe der Geschenke und des Ausmaßes der Privilegien der Mönche war die wirtschaftliche Lage oft angespannt. In den Jahren 446, 470 und 574 gab es beispielsweise Massenverfolgungen und erzwungene Säkularisierungen. In der Zwischenzeit nahm der Buddhismus beachtlich an Bedeutung zu, und Pilgerzüge veränderten das Leben ganzer Gebiete, so etwa der Oasen von Gansu, die an der Seidenroute und am Weg nach Indien lagen. Ende des 4. Jahrhunderts begann man die ersten Höhlen von Dunhuang mit Fresken auszumalen; ein Jahrhundert später wurden buddhistische Monumentalstatuen an zwei besonders eindrucksvollen Plätzen begonnen: eine in Yungang bei Datong, die andere in Longmen bei Luoyang; die Buddhas wurden aus den Felsen gehauen und waren über 40 m hoch.

Buddhistischer Pilger. Gemälde aus Dunhuang.

Prinzessin Ru Ru und ihre Begleitung

1979 wurde im Gebiet von Cixian (Hebei) das Grab einer jungen Prinzessin entdeckt. Sie gehörte einer ethnischen Minderheit in Nordchina an und war die Frau des Sohnes Gao Huans. Gao Huan übte unter den Westlichen Han uneingeschränkte Macht aus, verdrängte schließlich den Wei-Kaiser und gründete die Dynastie der Nördlichen Qi.
Im Grab der Prinzessin, die im zarten Alter von 13 Jahren starb, hat man über 1 000 Terrakotta-Figürchen gefunden, darunter auch den „Sa Man" (oben), einen Schamanen dieser ethnischen Minderheit; er tanzt in Trance und hält ein Musikinstrument in der Hand. Wie immer ist auch hier die Vielfalt der Figuren außergewöhnlich.

Krieger, Beamte, Hofdamen

Seitlich: *Eine Hofdame, erkennbar am langen roten Gewand.*

Daneben: *Terrakotta-Figur eines Kriegers mit Schild (Höhe 43–48 cm). Sein kriegerischer Gesichtsausdruck und die starre Haltung drücken seine Wachfunktion aus.*

Nächste Seite
Unten: *Palastmädchen (Höhe 18,5 bis 20 cm) in fließenden Gewändern mit weiten Ärmeln, das Haar auf dem Kopf gewunden oder auf einer Seite zusammengefaßt.*

Oben: *Eine Gruppe kniender Gestalten (insgesamt 46 Figuren), die auf eine Audienz warten.*

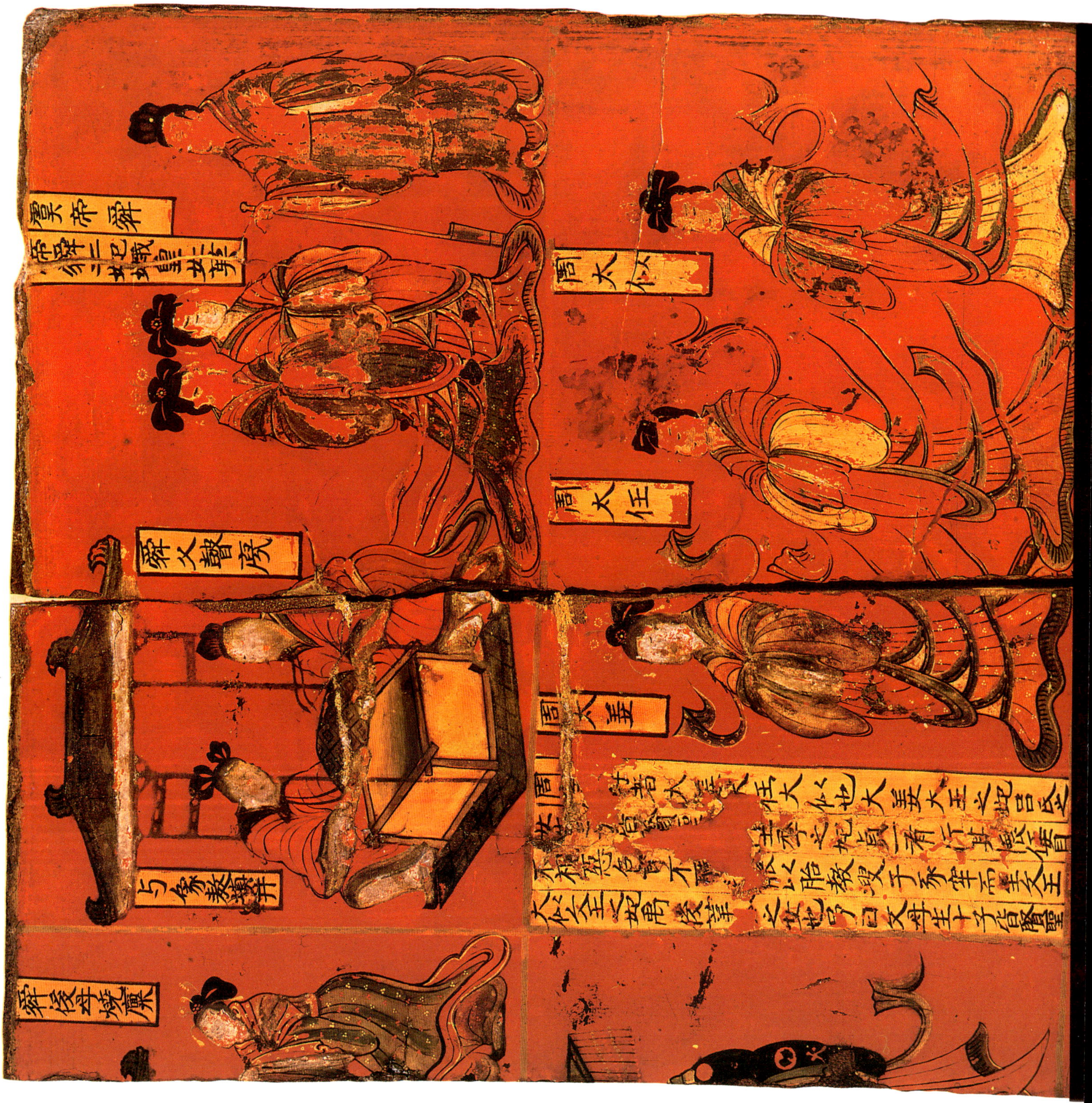
虞帝舜
周太姒
周太任
周太姜

Diese bemalten Holztafeln hat man im Grabmal Sima Jinglongs gefunden, der 484 starb und dessen Grab seit 1966 freigelegt wurde. Jinglong (Drache aus Gold) gehörte dem alten kaiserlichen Clan der Sima an; sein Grab war standesgemäß reich geschmückt (Terrakotta-Figürchen, Holzschnitzereien usw.). Diese fünf Holztafeln zeigen das beispielhafte Leben verschiedener tugendhafter Personen, die durch die Sammlungen von „Heiligen" Geschichten berühmt wurden: tugendhafte Ehefrauen und Konkubinen, fromme Söhne und aufrechte Minister aus frühester Zeit bis zur Ära der Han; sie alle vollbringen ihre großen Taten gemäß den konfuzianischen Idealen. Auf den kleinen Schildchen bei ihren Köpfen steht ihr Name oder Titel; die größeren Aufschriften schildern in wenigen Zeilen das Ereignis, durch das ihr Name der Nachwelt überliefert wurde.

Zu diesen Gegenständen zählen die untenstehende Lampe und die Vase auf der nächsten Seite; sie sind seltene Beispiele einer Verzierung, die sich aus der Form von Gold- und Silbergegenständen herleitet.

Shanxi

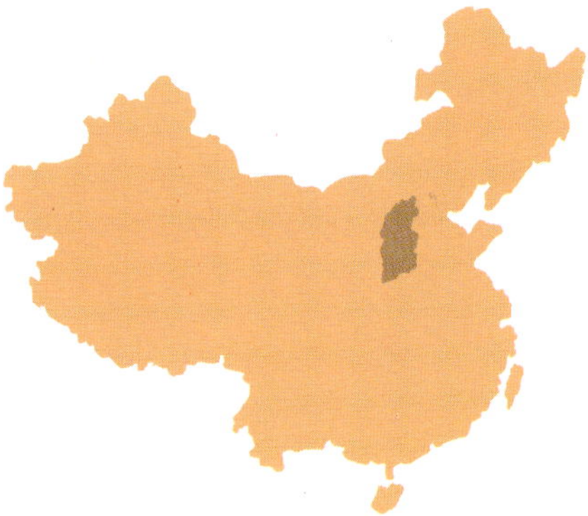

Vom Ende des 4. bis zur Mitte des 6. Jahrhunderts lag in Shanxi, nahe Datong, im Norden der Provinz und in der Nähe der Großen Mauer, die erste Hauptstadt einer der mächtigsten nördlichen Dynastien. Die barbarischen Toba gründeten hier ihre Wei-Dynastie (386–534), die eng verbunden war mit einer beispiellosen Blüte des Buddhismus und buddhistischer Kunst. Zu jener Zeit war die Route aus Zentralasien noch offen, und dies ermöglichte die rasche Verbreitung der Religion von Indien her; die Zahl der Übersetzungen indischer Werke, Pilgererzählungen und philosophischer und religiöser Arbeiten nahm tagtäglich zu, und die Klöster wurden reicher und reicher. Die weltliche Macht der Mönche war zeitweilig unglaublich groß, und ihre religiöse Autorität hatte ein solches Ausmaß angenommen, daß der Leiter einer buddhistischen Gemeinschaft im Yangzi-Tal, Huiyuan (334–417), eines Tages einfach anordnen konnte, daß buddhistische Mönche *Shamen,* die Person des Kaisers, nicht grüßen mußten. Zu anderen Zeiten wäre dieses Vergehen der *Majestätsbeleidigung* nicht ungestraft geblieben.
Neben der buddhistischen Bildhauerkunst, die andere künstlerische Bemühungen in den Schatten stellt, sind die Shanxi jener Epoche heute besser bekannt durch die jüngste Entdeckung mehrerer Grabmäler wichtiger Persönlichkeiten aus der Zeit des späten 5. und frühen 6. Jahrhunderts; diese Grabmäler zeigen in den Wandgemälden Mitglieder des chinesischen Adels. Eines der Gräber ist das Mausoleum eines Mitglieds des berühmten Sima-Clans in der Hauptstadt Datong.

Unten: *Der Eingang zum Grabmal Lou Ruis am Rande von Taiyuan (Shanxi) ist mit Wandgemälden geschmückt. Sie bedecken insgesamt eine Fläche von 200 m²; im Innern des*

Grabmals hat man über 800 Grabbeigaben gefunden, darunter Seladon- und Porzellanstücke mit applizierten Ausschmückungen.

Unten: *Das Eingangsportal, mit fünf geschnitzten Lotosblüten und verschlungenen Zweigen.*

Lou Rui, ein verschwenderischer und lasterhafter Höfling

Das einzige Beispiel für Wandmalerei zur Zeit der Nördlichen Qi zeigt in lebhaften Farben und mit einer für die Kunst der Han bezeichnenden Zartheit in der Behandlung des Themas das Leben dieser einflußreichen Gestalt, eines Mitglieds der kaiserlichen Familie.

Unten: *Ein Festessen zu Ehren eines ausländischen Würdenträgers.*

Rechte Seite: *Eine Ehrenwache.*

Im oberen Teil der Grabkammer befindet sich der legendäre Wohnsitz der Seele nach dem Tod.

Nächste Seite oben: *Der Ochse ist eines der zwölf Symbole des astrologischen Kalenders, einer Darstellung der „zwölf irdischen Fächer", die das Geburtsjahr einer Person bezeichnen.*

Unten und folgende Seite: *Die Bestattungsprozession auf der Westmauer des Grabkorridors zeigt in naturalistischer Darstellung erschöpfte Pferde mit entkräfteten Reitern auf ihrem Rücken. Auf der linken Seite sehen wir einen von Ochsen gezogenen (Streit-)Wagen.*

Jiangsu

Nanking und die Provinz Jiangsu bildeten den anderen Pol in der Geschichte der Dynastien des Südens. Es war der Sitz vier aufeinanderfolgender Dynastien: der Song, der Qin, der Liang und der Chen. Seine Geschichte war ereignisreich, teilweise auch unruhig; *Staatsstreiche* wurden in Übereinstimmung mit den Sitten und Gebräuchen und mit aller gebotenen Menschlichkeit und ohne unnötige Grausamkeit durchgeführt. Auf solche Weise kam der erste und einzige wirkliche Liang-Kaiser (seine vier Nachfolger regierten jeweils nur ein Jahr lang) 502 an die Macht; zuvor hatte er bereits mehrmals den Thron ausgeschlagen, obwohl er alles getan hatte, ihn zu erlangen. Bei seiner Thronbesteigung nahm er den erhabenen Namen Kaiser Wudi an.

Unter seiner Herrschaft erlebte Jiangsu sein Goldenes Zeitalter, obwohl die Wei, trotz erfolgreicher Wirtschaftsbeziehungen zwischen den beiden Dynastien, im Norden immer eine Bedrohung darstellten. Im Jahre 557 wehrte sich ein Teil des barbarischen Adels im Nordwesten, die Westlichen Wei, gegen die Versuche, sie unter chinesischen Einfluß zu bringen, und schickte sich an, die Dynastie zu stürzen. Handel und der Reiz des Reichtums ließen sie jedoch ihre Drohungen vergessen, und es bildete sich eine mächtige Kaufmannsschicht, gleichzeitig mit der Öffnung der Marktstädte am Unterlauf des Yangzi für fremde Kaufleute und Handel aller Art und für ein Hinterland, das bis nach Sichuan reichte. Diese frühe wirtschaftliche Blüte Südchinas war nur von kurzer Dauer; ihr Reichtum ist jedoch an den wenigen archäologischen Fundorten sichtbar, die bisher untersucht wurden.

Die Gräber haben zahlreiche Ur-Seladon-Waren in Tiergestalt oder mit tierförmigen Motiven sowie buddhistische Bronzestatuen zutage gebracht, die sich im Stil radikal von denen des Nordens unterscheiden. Die mächtigen Männer Jiangsus schätzten außerdem Steinstatuen, insbesondere nichtbuddhistische, im Gegensatz zu den Barbaren des Nordens, die das mehr oder weniger erfolgreiche Behauen ganzer Felsen in Buddha-Form hochschätzten. Zahlreiche Gräber von Adels- oder Fürstenfamilien waren an der Oberfläche mit Chimären und Löwen verziert; die Darstellungsweise dieser Tiere war immer interessant, manchmal auch erfolgreich. Die Erhabenheit dieser Tiere erinnert in gewisser Weise an die Bildhauerkunst der Han, wobei hier jedoch immer ein gewisses Maß an Manieriertheit sichtbar wird.

Fabeltiere, die ausschließlich als Sühneopfer und als Autoritätssymbol an kaiserlichen Gräbern aufgestellt wurden. Sie unterscheiden sich hauptsächlich in der Anzahl der Hörner auf dem Kopf. Das nebenstehende Qilin (Länge 3,19 m, Höhe 3,15 m) ist ein Einhorn und steht vor dem Yongning-Grabmal des Chen-Qianm-Kaisers Weni aus der Dynastie der Chen in Ganjiaxiang (Nanjing); das Tinlu (Länge 3,15 m, Höhe 2,80 m) oben rechts hingegen, das das Grabmal Kaiser Wus aus der Liang-Dynastie in Quian'aimaio Danang verteidigt, hat zwei Hörner.

Bekleidete Bären, phantastische Ungeheuer; die Seladon-Waren der Östlichen Jin

Eine Reihe von Vasen aus mehreren Gräbern der Epoche der Östlichen Jin hat die Technik der unter der Glasur eingeritzten Verzierungen wiederaufgenommen, zusammen mit applizierten Motiven.

Eine Zun-*Vase (Höhe 20,3 cm, Länge 26 cm) in Form eines Widders mit glänzend blauer Glasur; sie wurde in einem Grabmal der Östlichen Jin bei Xigang (Nanjing) gefunden.*

Links: *Ein Räucherfaß aus Seladon (Höhe 19 cm, Durchmesser der Kugel 12,1 cm); man fand es in einem Grab der Östlichen Jin aus dem 7. Jahr der Regierungszeit Yuankuangs (297 n. Chr.) in Yixing.*

Unten: *Seladon-Lampe, die von einem bekleideten Bären getragen wird. Sie trägt auf dem Boden das Jahr ihrer Herstellung – das 1. Jahr der Regierungszeit Ganlus (265 n. Chr.).*

Das Aufblühen der Künste

Die Sui- und Tang-Dynastien

Typisches Beispiel der Tang-Kunst: Terrakotta-Arbeit mit dreifarbiger Glasur, Sancai.

Unter den Sui- und Tang-Dynastien erlebte China die größte Blüte der Künste. Seit 1957 konzentrieren sich die archäologischen Grabungsarbeiten auf die Hauptstadt Chang'an, die im 7. Jahrhundert eine der größten und reichsten Städte der Welt war, mit regelmäßigem Straßennetz, geschlossenen Alleen und streng kontrollierten Märkten – dies unterschied sie gänzlich von einer europäischen Hauptstadt.

Die Stadt Chang'an umfaßt die Palaststadt, die kaiserliche Stadt und die äußere Stadt. Erstgenannte liegt nördlich des Stadtzentrums, während sich zum Süden hin, durch eine 220 m lange Prachtstraße getrennt, die kaiserliche Stadt, das Verwaltungszentrum, erstreckt. Die äußeren Stadtmauern bestanden aus gepreßter Erde; sie umgaben und schützten die Palast- und Kaiserstadt im Osten, Süden und Westen. Die Fundamente der Mauern sind nur teilweise verschwunden; größtenteils liegen sie heute 0,5 – 1,5 m unter der Erde, an einigen Stellen sind sie 3 m hoch. Die Stadtmauern sind von Osten nach Westen 9 721 m und von Norden nach Süden 8 651 m lang. Die vom Tor des Roten Vogels ausgehende Prachtstraße ist die Zentralachse der Stadt; 11 Straßen durchziehen die Stadt in nord-südlicher und 14 in ost-westlicher Richtung und teilen so die Wohngebiete in 109 Häuserblocks. Im Osten und Westen lagen der Dongshi- und Xinshi-Markt mit je vier Hauptstraßen; mit ihren zahlreichen Läden bildeten sie die lebhaften Geschäftsbezirke der Hauptstadt. Das den Tang-Kaisern vorbehaltene Wohngebiet bestand aus drei Gruppen von Palästen: dem Taiji-Palast in der kaiserlichen Stadt, dem Daming-Palast und dem Longshonyan-Palast im Nordosten der Stadt (634 erbaut) und dem Xingqing-Palast im Südosten.

Im Oktober 1970 wurden in dem Dorf Hejia am Südrand von Xi'an zwei Urnen entdeckt; sie enthielten zahlreiche Funde, von denen die wichtigsten über 1000 Gold- und Silbergegenstände waren, die zur Zeit der Tang-Dynastie angehäuft worden waren. Der Ausgrabungsort war die Residenz Prinz Fengs in der Xinhua-Straße an der Südseite der südöstlichen Ecke der kaiserlichen Stadt der Tang. Die dort gefundenen Gold- und Silbergegenstände waren besonders kunstvoll und fein gearbeitet, zeugten von einem hohen Grad handwerklichen Könnens und enthielten Ziermotive in prächtigen, lebhaften Farben.

Die Gräber der Tang-Kaiser liegen an 18 Orten über 6 Bezirke um Xi'an herum verstreut, meist am Fuß eines Hügels. Die Grabmäler sind nach dem Vorbild Chang'ans erbaut, jedes mit einem Doppeltor. Vor dem Grabmal standen steinerne Skulpturen: Löwen symbolisierten die Wächter, Pferde und Reiter bildeten die Ehrenwache, geflügelte Pferde, ausländische Gestalten und Strauße verwiesen auf die Verbindungen Chinas mit der übrigen Welt, steinerne Säulen und Tafeln bezeichneten die Grabstätten. Um das Grab des Kaisers herum lagen die Gräber der Mitglieder seiner Familie und seiner bevorzugten Minister und Generäle. Das Grab Kaiser Tai Zongs ist von 167 solchen Gräbern umgeben.

Eine große Zahl Sui- und Tang-Gräber finden sich auch am Rande Chang'ans. Das Grab Li Jingxuns, 1957 nahe bei dem Dorf Liangjia im Westen von Xi'an freigelegt, ist das Grab eines neunjährigen Mädchens, das im 4. Jahr der Regierung Dayes aus der Sui-Dynastie (608 n. Chr.) begraben wurde. Es war mit der kaiserlichen Familie verwandt; dies erklärt die Fülle der Grabbeigaben. Der Sarkophag ist fein gearbeitet, der Sargdeckel hat die Form eines Daches mit neun

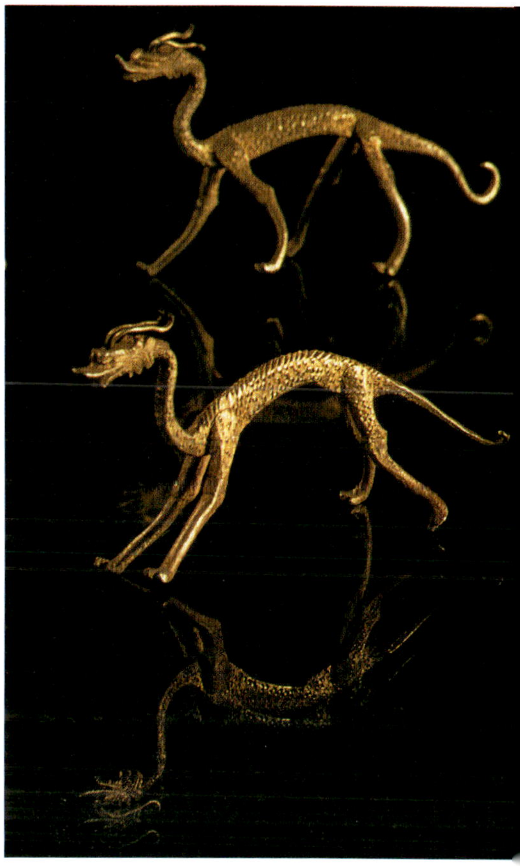

Fast 2000 Gräber der Tang-Dynastie hat man bei Chang'an entdeckt, der Hauptstadt des Reiches und einer der größten Städte jener Zeit. Man fand zahlreiche Kunsterzeugnisse aus Gold und Silber, darunter diese Drachenfigürchen aus Goldfaden.

abfallenden Flächen; Türen, Fenster und Pilaster sind mit eingravierten Blütenmotiven verziert. Unter den Funden ist auch eine sehr wichtige Halskette aus granuliertem Gold, mit 28 Edelsteinen besetzt. In dem Dorf Hong Qing am nordöstlichen Rand Chang'ans hat man drei Gräber der Du-Gu-Si-Zhen-Familie und in dem Dorf Nanhe am östlichen Rand das Grab Xian Yu Jing Huis freigelegt; sie alle haben elegante, dreifarbige Tang-Figürchen *(San Cai)* zutage gebracht, die sehr realistisch und lebhaft bemalt sind – hierin spiegeln sich die hochentwickelten Arbeitstechniken der Tang-Keramik. Die Gräber Li Zhongzuns (682–701), des Erbprinzen von Yide, und Li

Die Tang-Keramiken in vielen Farben, die man mit Hilfe von Metalloxyden erhielt, weisen eine reiche Palette farbiger Glasuren auf, darunter gelbe, grüne, braune, blaue und weiße.

Xians (654–684), des Erbprinzen von Zhangwai, wurden im Juli 1971 im Bezirk Qian Xian in der Provinz Sha'anxi freigelegt. Beide Gräber verfügten über lange Zugangsrampen, Oberlichter, Gänge, Gewölbe, vordere und rückwärtige Kammern. Außer in Xi'an hat man auch in der Tang-Hauptstadt Luoyang Untersuchungen und Probegrabungen durchgeführt; dabei kam auch hier eine Überfülle eleganter, dreifarbiger Keramiken zutage. Luoyang, die zweite Hauptstadt der Tang-Dynastie, lag in den Zentralebenen und nahm insofern für Chang'an eine Schlüsselstellung ein, als sie das Gebiet von Guangdong mit dem Südosten verband. Die von Handwerkern hier zahlreich hergestellten Keramiken unterschieden sich von den Keramiken Xi'ans durch den Reichtum ihrer Verzierungen: die Keramiken Xi'ans waren einfach und zart, während die Luoyang-Motive üppiger und abwechslungsreicher waren. Die dargestellten Themen spiegeln die Handelsaktivitäten der Chinesen und der westasiatischen Kaufleute entlang der Seidenstraße wider.

In der Nachbarschaft des alten Ortes Chang'an hat man über 2000 Sui- und Tang-Gräber freigelegt; etwa 200 davon sind datierbar oder tragen Inschriften. Untersuchungen dieser Gruppe von Gräbern haben ergeben, daß die Gräber unter den Sui und zu Beginn der Tang-Periode häufig lange, abfallende Gänge, zahlreiche Lüftungslöcher und kleine Heiligtümer aufwiesen und so in gewisser Weise den Wohnungen der Lebenden nachgebildet waren. Bestattungsfigürchen – Streitwagen, ursprünglich von Ochsen gezogen, dann von Kamelen und Pferden – und Wandgemälde, die hauptsächlich feierliche Umzüge darstellten, waren die gebräuchlichsten Merkmale. Etwa zur Mitte der Tang-Zeit wurden die Gänge kürzer und die Anzahl der Lüftungsöffnungen und Heiligtümer geringer; große Aufmerksamkeit wurde jedoch der Gliederung der Grabkammer zuteil. Es war zu jener Zeit Mode, Sets von Grabbeigaben mit dreifarbigen Keramikmodellen von Steinen und Gebäuden herzustellen, wobei der Schwerpunkt mehr auf der Darstellung des Alltagslebens als auf Umzügen lag. Gegen Ende der Tang-Zeit wurde der Bau kostspieliger Grabmäler mit Gold- und Silberverzierungen und geschmückten Grabbeigaben allgemeine Praxis. Zu diesen Gegenständen zählten vor allem Bronzespiegel und Kunsterzeugnisse aus Keramik. Etwa zur Mitte der Tang-Zeit weisen die Techniken der Spiegelherstellung einen deutlichen Fortschritt auf. Neben runden und quadratischen Spiegeln gab es nun auch achteckige und solche mit Rauten- und Sonnenblumenform; sie waren versilbert oder vergoldet oder mit Perlmutt oder Türkis verkleidet. Andere Beispiele waren mit Gold- oder Silbereinlegearbeiten und geprägten Verzierungen ausgestattet.

Im Jahre 1970 hat man in einem Tang-Keller in dem Dorf Hejia (dort lag einst die Xinhua-Straße der Stadt Chang'an) am Südrand von Xi'an zwei Gefäße entdeckt. Unter den darin enthaltenen 1000 Fundobjekten waren 270 Gegenstände aus Gold oder Silber, die man in solchen Mengen und so sorgfältiger Bearbeitung nie zuvor gefunden hatte. Unter den Funden sind eine Achatschale mit Tierkopf und goldener Einlegearbeit, eine byzantinische Goldmünze mit dem Profil des Herakles (610–641), eine sassanidische Silbermünze des Königs Chosroes II. (590–627) und fünf Wakokaichin-Silbermünzen aus Japan (708–715) – Beweise für einen Tauschhandel zwischen China und anderen Ländern während der Tang-Dynastie.

Die überwiegende Mehrheit der in anderen Gebieten entdeckten Tang-Gräber ähnelt denen von Chang'an; einige jedoch weisen charakteristische Besonderheiten auf: in dem Dorf Karallja bei Astana in der Autonomen Region Xingjiang Uygur hat man eine große Menge Urkunden, Seidengemälde und andere Kunsterzeugnisse gefunden. Im Korridor des Grabes der Prinzessin Zhenhai in der Begräbnisstät-

Dreifarbiger Pferdeknecht aus Keramik (Höhe 28,5 cm). Sehr ausdrucksstark, das lebendige Gesicht ist sorgfältig gearbeitet. Er hält ein Pferd am Zügel, ein in den Grabbeigaben der Tang-Dynastie immer wiederkehrendes Thema.

te des Fürstentums Bohai (im heutigen Bezirk Dunhua, Jieling) fand man zwei steinerne Löwen aus der Fertigung der Tang; ebenso ist die chinesische Grabinschrift, die die Prinzessin beschreibt, eine genaue Kopie einer Tang-Grabinschrift. Der obere Teil des Grabes jedoch weist Ähnlichkeiten mit den für diese Region typischen Kokuli-Grabsteinen auf. Es beweist daher sowohl den Einfluß der Kokuli-Tradition als auch die tiefe Einwirkung der Tang-Kultur.

Oben: *Jäger zu Pferd und mit Hund. Die Farben erhielt man durch Mischen der Glasur mit dem Ton und eine spezielle Brenntechnik, bekannt als „Jiao Tai"; dies ist eines der wenigen erhaltenen Beispiele.*

Nächste Seite: *Eine besonders schöne dreifarbige Keramikstatue einer sitzenden Dame (Höhe 33,8 cm). Die Gesichtszüge sind gemalt, die Augenbrauen zart gezogen. Sie trägt eine Bluse mit engen Ärmeln und einen Faltenrock. Um ihre Schultern liegt ein Schal; in der rechten Hand hält sie in Brusthöhe einen Strauß Blumen.*

Die Sui- und Tang-Dynastien

581–618
618–917

Im Jahre 581 gründete ein General aus einer Aristokratenfamilie des Nordens eine neue Dynastie, die Sui. Diese Dynastie hätte sowohl in der Innenpolitik als auch in bezug auf ihre Stellung innerhalb eines immer noch ungeeinten Chinas ihren Vorgängerinnen vergleichbar sein können. Daß dies nicht der Fall war, lag an Veränderungen, die sich in China als Ergebnis eines langsamen Gärungsprozesses der vier vorangegangenen Jahrhunderte vollzogen hatten. Rivalitäten zwischen den verschiedenen Einzelstaaten, Einwirkungen aus Zentralasien und aus der Steppe mit dem regenerierenden Einfluß der Nomaden, die neuen Perspektiven, die sich aus der Ausdehnung des Landes zu den Küstenzonen Südchinas und Südostasiens hin ergaben, die sozialen, wirtschaftlichen und kulturellen Folgen der Etablierung des Buddhismus als Staatsreligion: all dies hatte die Ausgangslage verändert.

Oben: *Mehrfarbige Statue einer Gottheit im Heiligtum am Eingang zu Höhle 45 in Mogao bei Dunhuang in der Provinz Gansu; sie zeugt von dem hohen stilistischen Niveau, das die buddhistische Ikonographie in China erreichte.*

Wie der Erste Kaiser, Qin Shi Huangdi, bei der Einigung Chinas Ende des 3. Jahrhunderts v. Chr. aus Verbindungen und Kontakten zwischen den einzelnen Gebieten während des vorangegangenen „Zeitalters der Streitenden Reiche" Nutzen gezogen hatte, so profitierte auch der Kaiser der neuen Dynastie Sui, Wendi, der „Gelehrte Kaiser", von den verschiedenen Formen des Austausches, die sich zwischen den Nördlichen und Südlichen Dynastien allmählich ergeben hatten. Es darf daher nicht überraschen, daß es ihm kurz nach seiner Machtübernahme gelang, das ganze Land wieder zu einen und ihm etwa die Ausdehnung wiederzugeben, die es unter den Han erreicht hatte. Sein Sohn und Thronfolger, Yangdi, der ihn im übrigen ermorden ließ, plante sogar die Beherrschung Koreas wie zur Zeit des Han-Kaisers Wudi. Er hatte sich damit jedoch übernommen, und so endete sein unglückseliger Feldzug zur koreanischen Halbinsel mit seinem Sturz. Wiederum ließe sich eine Parallele aufzeigen, zum Tyrannen der Qin, denn Yangdi setzte über fünf Millionen unglückliche arme Teufel – darunter auch Frauen und Kinder – ein, um die Große Mauer wieder aufzubauen und nach Nordwesten zu verlängern, um das Straßennetz zu verbessern, Hauptstadt und Palast in großem Stil wieder aufzubauen und, allem voran, etwa um das Jahr 608 den Großen Kanal in Rekordzeit auszuheben; dieser Kanal verband das Gebiet um Peking mit der Yangzi-Mündung. Man geht davon aus, daß China zu jener Zeit eine Bevölkerung von etwa 55 Millionen hatte; die Hälfte der Arbeiter soll bei diesen Unternehmungen gestorben sein; dadurch wurden viele Gefängnisse leer, und ganze Dörfer blieben verlassen.

Li Shih-min war zwar nicht der erste offizielle Kaiser der großen Tang-Dynastie; dennoch gilt er als ihr eigentlicher Begründer. Er ist als Taizong-Kaiser (626–649) bekannt, führte eine Umorganisation der Armee, insbesondere der Kavallerie, durch und förderte vor allem die Entwicklung der Wirtschaft und des internationalen Handels.

Dieser rigorose Regierungsstil und eine für eine schlagartige Durchführung vermutlich zu umfassende Bodenreform erschöpften das Land. Einem traditionellen Muster folgend, nutzte ein General des Li-Clans die Unzufriedenheit der Bauern und eroberte Chang'an. Er stürzte die Sui und gründete 618 die Tang-Dynastie; Yangdi wurde in Yangzhou hingerichtet. Der neue Kaiser, Gaozu, der „Große Stammvater", profitierte von einem soliden Verwaltungssystem, das er durch die Einführung von Steuergesetzen, neuen Agrarbestimmungen und eines allgemeinen Gesetzbuches noch verbesserte. Dieses Gesetzeswerk, erstmals 627 öffentlich bekanntgemacht, hatte auf die Bildung des japanischen Rechts entscheidenden Einfluß.

Auf politischer Ebene gab es keinen Bruch zwischen der Sui- und der Tang-Dynastie; auch in der Kunst sind keine klaren Unterschiede erkennbar, wohl auch weil sich in der nur kurzen Regierungszeit der Sui kein ausgeprägter Stil entfalten konnte. Nur bei einigen der ge-

Li Bo, ein Gedicht vortragend: Der große Dichter der Tang-Zeit war sowohl für seine Liebe zum Wein als auch für seine Verse bekannt. Man sagt, er sei ertrunken, als er sich aus seinem Boot beugte, um die Spiegelung des Mondes auf der Wasseroberfläche des Flusses zu küssen.

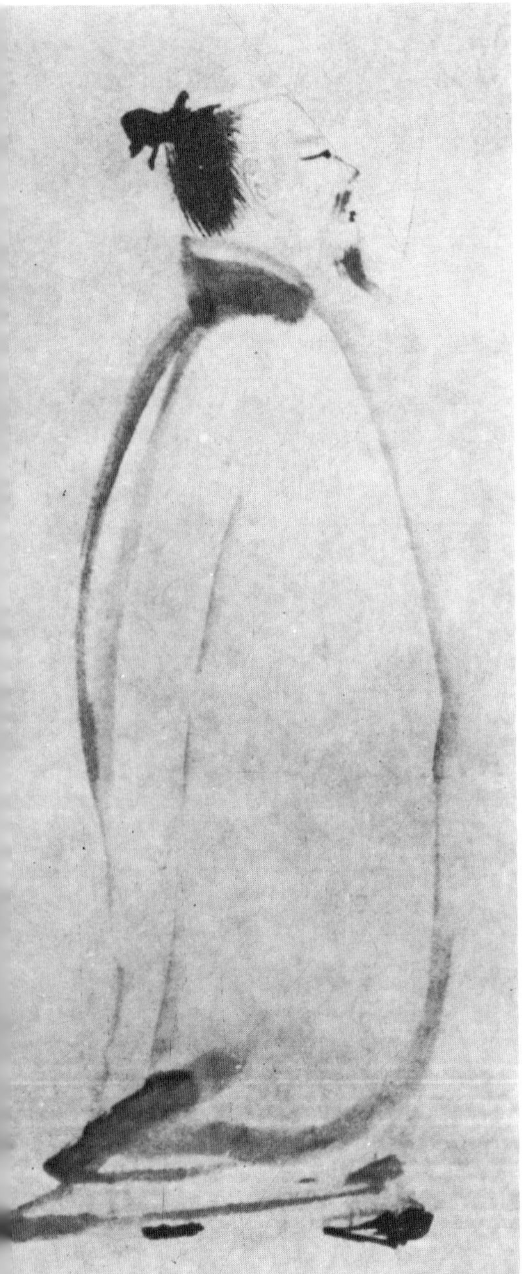

fundenen Terrakotta-Figürchen lassen sich anhand des Stils der Kleidung und möglicherweise auch aufgrund einer gewissen plastischen Derbheit Unterschiede feststellen. Die entscheidenden Charakteristika der Tang-Kunst waren jedoch bereits vorhanden – Charakteristika, die sich bis ins 10. Jahrhundert hinein durchhalten: ein Realismus, der mit der ausgeprägten Vorliebe für das Übernatürliche der vorangegangenen Epochen bricht; kosmopolitische Einflüsse, welche die vielfältigen Kontakte mit fremden Kulturen (der arabischen, türkischen, indischen usw.) widerspiegeln; schließlich die Vitalität einer Dynastie, die durch große Waffentaten an ihren Grenzen Frieden erreichte und Ruhm erlangte, der noch darüber hinausgeht.

Als er im Jahre 649 starb, hatte Kaiser Taizong, der Sohn des Gründers der Tang, eine chinesische Vorherrschaft entlang der Seidenstraße bis Turkestan errichtet. Seine Armee und seine Generäle waren ausgezeichnet; darüber hinaus verfügte er über eine Kavallerie, wie es sie seit den Tagen der Han nicht mehr gegeben hatte. Es ist daher nur natürlich, daß die Ikonographie der Tang-Periode reich an militärischen, barbarischen und die Reiterei betreffenden Themen ist. Wie schon in den vorangegangenen Epochen waren jedoch viele Kunstwerke buddhistischen Themen gewidmet; die Pracht dieser Periode zeigt sich daher auch in religiösen Statuen, Fresken und anderen Gemälden. Letztendlich erlebte auch die Literatur, insbesondere die Dichtkunst, eine Blüte; vielleicht hat China keine größeren Dichter als die der Tang-Zeit hervorgebracht. Viele dieser Dichter waren Beamte, die man durch Prüfverfahren, eine der großen Neuerungen jener Zeit, ausgewählt hatte; teilweise gehörten diese Dichter auch der kaiserlichen Akademie oder dem kaiserlichen Konservatorium, dem „Pfirsichbaumgarten", an. Beide Einrichtungen wurden von dem Mann gegründet, der die Dynastie zu ihrem Höhepunkt führte und auch ihren Niedergang verursachte: Kaiser Xuanzong, der von 713 bis 756 regierte.

Der Kaiser verlor sich in Betrachtung und sah nicht, daß dringende Staatsangelegenheiten auf ihn warteten, die Barbaren erneut an der Grenze standen und ein Cousin seiner Konkubine namens An Lushan im Begriff war, die Macht an sich zu reißen. Er mußte fliehen, mußte verzweifelt die schöne Konkubine Guifei von seinen eigenen Soldaten umbringen lassen; erst nach acht Jahren der Rückeroberung konnte der Dichter Du Fu schreiben:

„Unerwartete Neuigkeiten in Jian'an: Jizhou wurde zurückerobert!
Freudentränen netzen meine Kleider.

Ich wende mich Frau und Kindern zu: Wo bist du, Trauer?
Wahllos packe ich meine Bücher zusammen, außer mir vor Freude ..."

Die Rückkehr nach Luoyang und die Wiedererrichtung der Dynastie waren jedoch nicht der Ausgangspunkt für eine neue Blütezeit. Später, aber im gleichen Jahrhundert, fünfzig Jahre nach der Regentschaft der Kaiserin Wu, einer anderen ehemaligen Konkubine des Kaisers, beschwor eine Palastdame den Niedergang herauf. Die Tang-Kaiser, die noch bis zum Fall der Dynastie folgten, konnten weder den Verlust Zentralasiens verhindern noch die tibetanische Invasion und die Besetzung der Gansu-Oasen, noch die Zerstörung eines hochentwickelten Bewässerungssystems, das den Reichtum des Landes gewährleistet hatte. Das „Mandat des Himmels" entglitt ihnen unerbittlich. Die Nutznießer dieser Entwicklung waren die Kriegsherren; einer von ihnen, Zhao Kuangyin, begann 960 einen fünfzehnjährigen Feldzug, der das Land wiederum einte und zur Gründung der Sung-Dynastie führte.

Trotz der Fehler, welche die Tang in ihrer Regierung seit 750 gemacht hatten, wurden gewaltige Leistungen vollbracht; dies bezeugen die uns überlieferten Kunstwerke reichlich. Wie bereits gesagt wurde, nahm der Buddhismus sowohl Mensch als auch Material in Beschlag; da der Buddhismus im Jahre 845 geächtet wurde, sind viele Statuen, Gemälde, Monumente und Fresken heute verschwunden, im Bereich der Architektur sind uns jedoch mehrere steinerne Gebäude von eindrucksvoller Höhe erhalten geblieben sowie die hölzernen Tempel, die in Japan (insbesondere in der Region um Kyoto und Nara) nach Modellen chinesischer Originale gebaut und nachgebaut wurden. Auf dem Gebiet der Malerei sind Höhlenfreskos wie jene von Dunhuang, die damals eine spektakuläre Entwicklung durchliefen, uns heute noch zugänglich. Gemälde oder Gemäldekopien sind uns ebenfalls überliefert; sie ermöglichen uns eine Unterscheidung zwischen offiziellem Stil (Kaiserporträts, Palastszenen, bei denen sich Kaiser Xuanzong anscheinend selbst ausgezeichnet hat) und Landschaftsmalerei, die in ihrer künstlerischen Qualität die Entwicklung dieser Kunst, die ihr goldenes Zeitalter unter den Sung erleben sollte, widerspiegelt.

Gegenstände und Alltagssituationen (Pferde, fremde Kaufleute oder Tributpflichtige, Männer mit langen Nasen und Bart) sind in den Fresken und Gemälden reichlich abgebildet; mehr jedoch noch in den Bestattungsfigürchen aus Keramik, die daneben noch zahlreiche exotische Tiere (Kamele, Löwen) und Tänzerinnen darstellen, de-

Die Dichter kümmerten sich wenig um die Gefahren der Welt und gaben ihren inneren Gefühlen freien Lauf; ihre Gedichte zeichnen sich durch persönliche Empfindsamkeit aus. Die folgende Passage stammt von Li Bo (701–762), von dem gesagt wird, er sei eines Abends bei dem Versuch ertrunken, in betrunkenem Zustand die Spiegelung des Mondes im Wasser zu umarmen:

„Zwischen den Blumen
ein Krug Wein:
ich trinke alleine,
ohne einen Freund.
Ich erhebe meinen Becher
und proste dem Mondlicht
zu;
mein Schatten ist vor mir:
wir sind zu dritt ..."

ren Proportionen an den Reiz der Konkubine Yang Guifei erinnern. Die dreifarbige Glasierung dieser Figürchen – braun, gelb, grün – ist für diese Periode besonders typisch.

Zu Beginn des 10. Jahrhunderts brach das Tang-Reich schließlich zusammen; es hinterließ in Asien ein hohes Ansehen: das Ansehen erfahrener und fester Institutionen, die Erinnerungen an militärischen Ruhm, wirtschaftlichen Wohlstand und qualitativ hochwertige Erzeugnisse ... Die darauffolgenden Jahrhunderte überließen den besten Teil von alledem den Barbaren und ihren Invasionen – China sollte nie wieder solchen Einfluß erfahren.

Durchgängiges Merkmal der bemalten Terrakotta-Figürchen aus den Gräbern verschiedener Mitglieder der kaiserlichen Familie in Qianxian (Sha'anxi) oder aus dem Grab Zheng Rentais im Gebiet von Liquan (Sha'anxi) ist die Darstellung von Pferden, die von verschiedenen Gestalten geritten werden, so von einem Schützen auf der nächsten Seite oder von der oben abgebildeten Dame. Die Figürchen Zheng Rentais zeigen deutlicher die Merkmale der nördlichen Stämme.

Reiter aus dem Norden und die Ehrenwache des Fürsten

Rechte Seite: *Der muskulöse Reiter mit Bart, der einen Bogen trägt, weist Merkmale der Angehörigen eines nördlichen Stammes auf (Höhe 40 cm).*
Die Reiter und Pferde auf dieser Seite hingegen, alle in Rüstung, hat man im Grab des Yide-Fürsten gefunden. Solche Kleidung findet sich nur unter kaiserlichen Ehrenwachen.

Auf den folgenden Seiten sehen wir zwei Reiter, der eine mit Hund, der andere im Begriff, eine wilde Katze zu schlagen. Bart und Adlernase weisen sie als Angehörige eines nördlichen Stammes aus. Die Figuren wurden in einem besonderen Brennverfahren hergestellt, bei dem die Farbpigmente direkt mit dem Ton vermischt werden, und stellen ziemlich ungewöhnliche Beispiele der Tang-Keramik dar.

Sha'anxi

Als die Sui und später die Tang Chang'an in Shenxi zu ihrer Hauptstadt machten, war die Stadt schöner denn je. Sie war zu Beginn des 7. Jahrhunderts prächtig wiederaufgebaut worden und bot Platz für Paläste, buddhistische Klöster, taoistische Heiligtümer und herrschaftliche Wohnhäuser in großer Zahl. Archäologische Grabungen, die hier schon sehr früh durchgeführt worden waren, haben mannigfaltige Beweise der Pracht dieser Periode zutage gefördert. Dazu kommt, daß im Laufe der Jahre neue Gräber mit ihrem Anteil an Kunstschätzen entdeckt wurden.

Der rege Verkehr auf der Seidenstraße zu jener Zeit, deren östlicher Endpunkt Chang'an bildete, hatte starke fremde Einflüsse zur Folge. Diese Einflüsse zeigen sich insbesondere in künstlerischen Arbeiten, und zumindest auf einem Gebiet, dem der Goldbearbeitung, waren sie ganz entscheidend. Die Bearbeitung von Edelmetallen orientierte sich an sassanidischen Vorbildern aus dem Gebiet des heutigen Iran; vor dieser Zeit war sie offensichtlich nicht in nennenswertem Maße entwickelt. Obwohl man schon länger Bronze-Buddhas goß und vergoldete und Kleinode fertigte, um Reliquien aufzubewahren, zu manchen Zeiten sogar in großen Mengen, legen die Anzahl der, trotz Plünderung der Gräber, gefundenen Goldgegenstände, die Qualität ihrer Verarbeitung und ihre Motive die Vermutung nahe, daß diese Kunst damals ziemlich neu war.

Folgende Seiten: *Eine Vielfalt von Situationen, in denen das Kamel besonders hervortritt. Das Kamel wurde einerseits geritten und diente andererseits den großen Karawanen als Lasttier, die auf der Seidenstraße zwischen China und dem Westen hin- und herzogen.*
Mehrere Statuetten entwerfen ein vorzügliches Bild dieser fremdartigen Tiere.

Oben: *Ein Reiter auf einem knienden Kamel.*
Die Kunsthandwerker der Tang-Zeit hatten reichlich Gelegenheit, sich mit den verschiedenen Körperhaltungen und der Anatomie dieses Tieres vertraut zu machen; so gelangen ihnen realistische Darstellungen dieses für Handel und kulturelle Kontakte äußerst wichtigen Transportmittels.

Nächste Seite: *Ein beladenes Kamel (Höhe 43 cm).*

Ein wieherndes Pferd, ein gesattelter Esel, ein Pferd mit fein geschmückter und zurechtgemachter Mähne, ein elegantes Satteltuch aus verknotetem Filz und eine hübsche Garnitur Pferdeputz, die eines Adeligen würdig ist.

Der König der auf den Wänden und in den Bestattungsfigürchen der Tang dargestellten Tiere war das Pferd, das Mittel zu militärischem Glanz und zur Macht der Dynastie. Allein die staatlichen Gestüte besaßen 700000 dieser Pferde, die, so schließt man aus der Art ihrer Darstellung, groß und in Nakken, Brust und Hinterhand recht kräftig waren. Sie haben in gewisser Weise die Kraft, Bewegung und den fliegenden Galopp der Han-Pferde eingebüßt, dies kann jedoch auch am Gebrauch von Ton anstelle von Bronze liegen; andererseits haben sie jedoch an beherrschter Kraft und Muskulatur dazugewonnen –

und zwar in solchem Ausmaß, daß ihre Köpfe oft zu klein erscheinen. Während dieser Zeit war die Darstellung des Pferdes eine eigenständige (Kunst-)Gattung, den ersten Meistern der Landschaftsmalerei oder den religiösen Malern buddhistischer Tempel vergleichbar; nicht nur mehr oder weniger bekannte Kunsthandwerker, sondern auch Gelehrte, die sich der Wichtigkeit ihrer Kunst voll bewußt waren, widmeten dem Pferd einen beachtlichen Teil ihrer Kräfte.

Die Figürchen von Hofdamen, den ruhigen Empfangsdamen der Gräber hochgestellter Persönlichkeiten, nahmen in der Grabkunst der Tang einen besonderen Ehrenplatz ein. Dies zeugt von der Wichtigkeit der Rolle, die sie zuweilen in der Gesellschaft und im Kreis der Machtelite innehatten.
Sie hatten oft ein unglückliches Schicksal, wie die Konkubine Yang Guifei, die gemeinsam mit Kaiser Xuanzong gestürzt wurde; in bescheidenerer Weise bedauert die von Wang Changling (8. Jahrhundert) besungene Dame, daß sie ihre Liebe (symbolisch durch die Weiden ausgedrückt) ihrem Verlangen nach Ruhm geopfert hat:

Eine Vielfalt schöner weiblicher Figuren (Höhe 42,5–44,5 cm), gekleidet in lange, farbige Gewänder, die bis zum Boden reichen, ganz nach der Mode jener Zeit. Auf der nächsten Seite in der Mitte sehen wir eine der 466 Statuetten von Zivil- und Militärbeamten aus dem Grabmal Zheng Rentais in Liquan (Sha'anxi).

„Die junge Ehefrau in ihrem Boudoir
kennt keinen Kummer.
An einem Frühlingstag
stieg sie in ihrem schönsten Putz zur blauen Talsohle empor.
Plötzlich erblickt sie nahe der Straße
die Farbe der Weiden,
und sie bedauert,
daß sie ihren Mann bat
wegzuziehen, um einen Titel zu erwerben.“

Diese Gegenstände, die man 1957 südlich von Xi'an gefunden hat, zeugen vom Einfluß persischer Gold- und Silbergegenstände. Sowohl der nebenstehend abgebildete Becher als auch das Guan-Gefäß auf der nächsten Seite benutzen das Motiv des Elefantenkopfes und -rüssels. Beide Gegenstände wurden in der dreifarbigen Technik der Tang gefertigt.

Glanz inmitten der Gefahr

„Auf dem Gebiet des gesellschaftlichen Lebens, in den Künsten, Zerstreuungen, Institutionen und Techniken war China zweifellos das zu jener Zeit fortschrittlichste Land. Es war durchaus richtig, anzunehmen, der Rest der Welt sei von Barbaren bevölkert."

J. Garnet, Chinesisches Alltagsleben am Vorabend der mongolischen Invasion

Die Liao- und Song-Dynastien

Zwischen dem 10. und dem 13. Jahrhundert wurden weite Teile Nordchinas vom Königreich Liao, von Qidan gegründet, und vom Königreich Jin, gegründet von Nuzhen, beherrscht, die gegen die (Vor-)Herrschaft der Han in den Nördlichen und Südlichen Song-Dynastien kämpften. Die Bestattungspraktiken der Liao waren sehr vielfältig: Kammern aus Ziegel oder Stein oder Aschenurnen in Form mongolischer Jurten. Die Ursache hierfür liegt in der Tatsache begründet, daß mehrere unterschiedliche Nationalitäten auf engstem Raum zusammenlebten. Die Grabungsarbeiten am Grabmal Wei Guowangs in Chifeng (Liaoning) haben eine Flasche zutage gefördert, die mit einem Hahnenkamm und acht Sätzen Zügel aus der frühen Liao-Periode verziert ist. Diese Kunsterzeugnisse sind von der Idee her nomadischen Ursprungs, der Stil der Porzellan- und Bronzegegenstände ist von den Tang inspiriert. Die Han-Gräber im von den Liao beherrschten Gebiet ähneln sehr stark den Han-Gräbern der Zentralebenen; dies verweist auf die kulturellen und wirtschaftlichen

Verbindungen zwischen beiden Völkern. So besitzt Grab 1 im Gebiet von Hure (Jilin) Wandgemälde, die eine Prozession von über 60 Leuten unterschiedlichster Erscheinung und Herkunft darstellen, darunter auch Qidan-Diener in Stiefeln, die ihr Haar um den Kopf gelegt tragen, und Trommlerjungen der Han mit Schärpen und spitzen Schuhen. Im Grab von Yemaotai im Gebiet von Faku (Liaoning) hat man zwei Seidengemälde zusammen mit weiteren Seiden- und Porzellangegenständen entdeckt. Das Grabmal selbst besteht aus einer vorderen Kammer, einer hinteren Kammer und zwei Seitenkammern sowie einer Hauptkammer, in welcher sich der Sarg befand. Seiten und Deckel des Marmorsarges sind mit farbigen Reliefs geschmückt. Der Deckel hat die Form eines Palastes. Er ist breit und tief, hat ein spitzes Dach und Wände mit Tür und Fenstern. Die Verstorbene war eine alte Dame, in Dutzende von Stoffbahnen gehüllt. Interessant ist, daß ihr Umhang links zu öffnen und am Rücken mit Gürteln verziert war. Ihre Stiefel lassen auf nomadische Kleidung schließen, es zeigt sich aber auch ein Han-Einfluß: sie hält Perlen (in der Hand), ihre Nasenlöcher sind zugestopft, und sie ist in ein Leichentuch gehüllt. Der Sargdeckel in Form eines Palastes leitet sich auch von den Bestattungspraktiken der Tang her.

An den Ost- und Westwänden der Hauptkammer hingen Seidenstoffe. Einer davon ist eine Landschaftsdarstellung im „blau-grünen" Stil; die Frische der Originalfarben ist noch gut erhalten. Es handelt sich dabei um eine Regionalarbeit, die vermutlich von einem Angehörigen der Khitan vor dem 3. Viertel des 9. Jahrhunderts gemalt wurde. Es gab 90 verschiedene Stoffarten; vor dem 14. Jahrhundert kannte man noch keine Webarbeiten mit Goldfäden und Ziermotive aus Gold. Die Porzellangegenstände lassen sich in vier Gruppen unterscheiden: *Baiei* (weißes Porzellan), Seladon, *Liaoci* und *Yingqing*. Die *Baici*-Gegenstände aus den Brennöfen von Zhongyuan stellen die Masse der im Grabmal gefundenen Alltagskeramiken dar. Die *Liaoci*-Keramiken aus Zhongyuan weisen in Form, Verzierung und Brennweise deutlich lokalen Einfluß auf. Das typische Gefäß hat die Form einer genähten Lederflasche, aufgrund dessen würde man es in die Frühphase der Liao datieren. Die *Yingqing*-Keramiken kommen aus Jingdezhen in Jiangxi, und die Seladon-Waren aus Yaozhou. Während der fraglichen Zeit machte die Porzellanindustrie gewaltige Fortschritte; in verschiedenen Regionen, von Henan, Sha'anxi, Jiangxi, Guangdong bis in die Innere Mongolei, hat man Brennöfen gefunden, von denen jeder seinen eigenen, spezifischen Stil aufweist.

Im Gebiet von Xuanhua, bei Zhangjiakuo in Hebei, hat man ein

Detail eines der zahlreichen Wandgemälde aus Gräbern der Liao-Dynastie, die man im Verlauf einer Grabungsperiode im Winter 1974 bei Zhangjiakou im Gebiet von Xuanhua in der Provinz Hubei gefunden hat.

Grab mit gut erhaltenen Wandgemälden entdeckt, die eine Fläche von 86 m² bedecken; an der Decke der hinteren Grabkammer befindet sich eine Karte des Himmels, die die 28 Xiu (Mondhäuser) darstellt – dies liefert den Beweis für die Übernahme babylonischer Astronomie. Die Karte ist ihrem Stil nach chinesisch; sie ist die erste Sternenkarte, die sowohl innerhalb als auch außerhalb Chinas erfolgte Beobachtungen verzeichnet. Die Grabinschrift erläutert, daß der Besitzer 1116 verstarb und seine Asche in einem gemeißelten Standbild aufbewahrt wurde – diese Praktik findet sich in anderen Bestattungsriten nicht.

Bronzefigur des Buddha Sakyamuni.

Die älteste und größte Holzpagode, die man bis heute in China entdeckt hat, ist die Sakyamuni-Pagode im Fogong-Tempel im Gebiet von Jingxian (Shanxi). Sie wurde 1065 erbaut und war allgemein bekannt als die „hölzerne Pagode des Gebiets von Yingxian". Bei Restaurierungsarbeiten im Juli 1977 wurden im Innern der Statue Sakyamunis auf der vierten Etage wichtige Zeugen der Vergangenheit entdeckt. Darunter befinden sich buddhistische Schriften, Gemälde und (Erst-)Ausgaben.

In jüngster Zeit hat man in Türmen der Song-Dynastie bei Dingxian in Hebei, in Wuwei, in Jiangsu und anderswo Gold- und Silbergegenstände, zahlreiche Porzellanwaren sowie buddhistische Kunsterzeugnisse gefunden. Über 800 Überreste der Vergangenheit, darunter Gemälde, Porzellanwaren, Gold- und Silbergegenstände, wurden 1969 in den Fundamenten der Jingzhi- und Jingzhongyuan-Pagoden in der Provinz Hebei entdeckt. Die Porzellanwaren stammen aus dem Ding-Brennofen (Yao): eines der Stücke ist eine grüngelb glasierte, 115,6 cm hohe Vase in Gestalt eines Papageien. Sie ist sehr realistisch in der Darstellung, der Form nach neu und leuchtend bemalt. Daneben findet sich eine Vielzahl von Weihwasserbecken unterschiedlichster Formen, einige grün glasiert und mit eingeritztem Wellenmuster, andere mit weißer Glasur und eingeritzten Verzierungen. Bedeutsame buddhistische Kunsterzeugnisse wurden im April 1978 in einer Pagode des Tempels von Rhuigang in Suzhou gefunden. Die Ziegelsteinpagode ist mit ihren sechs Etagen und einer Gesamthöhe von 43 m chinesischen Holztürmen nachgebildet. Eine Inschrift auf einem der Ziegel weist darauf hin, daß die Pagode im zweiten Jahr der Regierungszeit Dazhing Xiangfus (1009) begonnen und etwa im achten Jahr der Regierungszeit Tianshengs (1030) fertiggestellt wurde. Man fand die Gegenstände in einem Versteck auf der dritten Etage. Das Versteck enthielt zwei quadratische, ineinandergestapelte Holzkästen. Die Außenseite des inneren Kastens war mit den vier *Deva*-Königen farbig bemalt; er enthielt eine Gruppe von Holzskulpturen, eine Säulenplatte für buddhistische Überreste und einen zweizonigen Sockel mit einer Gesamthöhe von 122,6 cm. Der kunstvoll gearbeitete untere Teil stellt einen Sturm auf hoher See dar, über dem Unsterbliche zwischen Wolken wandeln. Die obere Zone zeigt einen Berg mit achteckigem Säulenpavillon; die Schauseiten der Säule tragen buddhistische Inschriften. Eine kürbisförmige Vase im Innern enthält neun Kugeln mit Überresten; am oberen Ende befindet sich eine Kristallkugel von 3,4 cm Durchmesser. Das Versteck enthielt außerdem fünf Sutras mit insgesamt 121 Bänden, darunter war auch das *Saddhamarpundarika* des Königreichs Yongxi der Nördlichen Song, die älteste bisher bekannte gedruckte Sutra, die die schwarze Einfassung, die auf allen anderen buddhistischen Sutras zu sehen ist, nicht aufweist. Eine weitere Sutra ist in goldenen Buchstaben geschrieben; außerdem stoßen wir auf ein Mandala-Kreissymbol aus Papier (Symbol des Universums), das Zauberformeln in Sanskrit trägt. In der Mitte finden sich buddhistische Themen, umgeben von babylonischen Darstellungen der Tierkreiszeichen, und begleitet von 28 chinesischen *Xiu* (Mondhäusern).

Holzfigur eines Kriegers aus dem Gefolge Buddhas.

Die Grabmäler der Nördlichen Song in den Zentralebenen weisen überwiegend Grabkammern aus Ziegelstein auf, die nach dem Vorbild von Holzgebäuden errichtet wurden. Die Wände sind mit Gemälden oder Reliefarbeiten verziert, die Szenen aus dem Leben des Verstorbenen darstellen. Man hat in diesen Gräbern relativ wenige Grabbeigaben gefunden. Ein typisches Beispiel ist das Grab Zhao Da'ongs (1099), das 1950 bei Baisha im Gebiet von Yuxian (Henan) entdeckt wurde. Die Song-Gräber südlich des Changjiang-Flusses sind hauptsächlich aus Ziegelstein; ihre rechteckigen Grabkammern mit gewölbten Decken beherbergen große Mengen an Porzellan, Lackwaren, Gold und Silber. Die Grabkammern in Hunan bestehen in der Mehrheit aus Erde und nicht aus Ziegelstein. In Sichuan hat man eine große Menge von Figürchen entdeckt. Bei Fuzhou (Fujian) wurde 1975 das Grabmal eines siebzehnjährigen Mädchens namens Huang Sheng freigelegt. Es enthielt 418 Grabbeigaben und große Mengen an Seide, darunter auch Gaze, feine Seide und einfache Seide mit kräftigen, unbestimmten und realistischen Mustern; dies belegt das Verbreitungsgebiet der Webkunst zur Zeit der Südlichen Song.

Klarheit der Linie in der Kunst Nordchinas

Oben: *Porzellanschale mit grüner Glasur und eingeritzten Motiven (Höhe 6,5 cm, Durchmesser 15 cm). Gegenstände dieser Art sind in Südchina ungewöhnlich; sie stammen vermutlich aus Brennöfen im Norden.*

Unten: *Achatschalen (Höhe 3–3,6 cm, Durchmesser 4,9–5,4 cm).*

Oben: *Topf mit brauner Glasur in der Form einer genähten ledernen Feldflasche (Höhe 25,5 cm). Die Ausgießöffnung hat die Form eines Hahnenkopfes und weist typische Merkmale der Liao-Kultur auf.*

Links: Fu-*Vase aus vergoldeter Bronze (Höhe 25 cm) mit zarten Gravuren.*

Feste und Empfänge
auf Grabgemälden der Liao

Die 1974 im Gebiet von Xuanhua bei Zhangjiakou in der Provinz Hebei entdeckten Liao-Gräber enthielten zahlreiche Wandgemälde, die das Alltagsleben in Nordchina nahe der Großen Mauer darstellen. Prozessionen, Empfänge, Feiern, Gruppen von Musikanten – bei allen Darstellungen spielt der Teekessel eine Rolle.

Die Song-Dynastie

960–1276

Blickt man von unserem 20. Jahrhundert auf die Song-Dynastie zurück, so fallen einem sofort die Seladon-Töpferwaren und weißen Porzellanwaren, die Landschaftsmalerei oder die „Blumen und Vögel“ ein, die zu ihrem Ruhm beitrugen. Die Song führten das Werk der Tang auf dem Gebiet der Künste fort; bezeichnenderweise waren unter ihren Kaisern auch mehrere Maler, Kalligraphen und Kunstliebhaber. Der wohl bekannteste unter ihnen ist Kaiser Huizong, der von 1101 bis 1127 regierte. Unter seiner Herrschaft brach die Macht der Song in Nordchina zusammen – wie es bereits schon einmal, in der Tang-Zeit, unter Xuanzong geschehen war. Diesmal war er jedoch nicht alleinig verantwortlich für den Sturz der Song – die Gründe lagen vielmehr in der allgemeinen Einstellung der Herrscher seit Beginn des 11. Jahrhunderts. Obwohl die frühen Song-Kaiser große Teile chinesischen Territoriums zurückerobern konnten, gelang es ihnen nicht, ihre mächtigen Nachbarn, die Khitan, zu unterwerfen, die anfänglich im Gebiet der heutigen Mandschurei, in Nord-Hebei und Shanxi lebten. Die Khitan hatten dort 946 die Liao-Dynastie gegründet; die Größe ihrer Macht zeigt sich darin, daß der Name Khitan damals in mehreren Sprachen China bedeutete – Khitan war das Cathay Marco Polos. Seit 1004 mußten die Chinesen Hunderttausende von Silberunzen und Seidenballen als Friedenstribut an die Khitan zahlen – die Abgabenlast wurde noch drückender durch einen weiteren Tribut an die Xixia, ein Tangut-Volk, das seit 1044 Gansu und Chinesisch-Turkestan beherrschte.

Dieses Joch, von dem sich die Song-Kaiser nicht befreien konnten, wurde durch einen schwerwiegenden und – wie sich herausstellen sollte – verhängnisvollen taktischen Irrtum noch unerträglicher. Hinter dem Rücken der Liao hatten sie ein Abkommen mit den Jurchen, den Vorfahren des letzten chinesischen Reiches, geschlossen. Die Jurchen waren sehr mächtig und beherrschten unangefochten das nördliche Gebiet der heutigen Mandschurei. Die Liao saßen nun in der Zange und wurden besiegt. Unglücklicherweise wendeten sich die verbündeten Jurchen nun gegen die Song und eroberten 1127 die Hauptstadt Kaifeng und das gesamte Becken des Gelben Flusses. Der ganze Hof wurde gefangengenommen und weggeführt, einschließlich des unglücklichen Kaisers Huizong. Lediglich ein Prinz floh zum Yangzi und ließ sich schließlich in Hangzhou nieder, wo er das Südliche Sung gründete. Die Tributzahlungen an die Jurchen, höher denn je, wurden wieder aufgenommen, und man hätte annehmen können, daß die neue Dynastie früher oder später den Herrschern im Norden in den Schoß fallen würde. Sie erweckte auch bald begehrlich Gelüste aufgrund ihres blühenden Handels (der durch die Entwicklung des Papiergeldes unterstützt wurde), aufgrund ihrer qualitativ hochwertigen Erzeugnisse (Reis, Seide, Porzellan, handwerkliche Erzeugnisse, Papier, Tee) und aufgrund ihrer Modernität. Das Land der Song wurde jedoch nicht erobert; es erfreute sich seines Wohlstandes, hatte anderthalb Jahrhunderte Bestand und überdauerte seine ehemaligen Eroberer.

Mangelnde militärische Schlagkraft hatten für die Song zwar die Teilung des Landes und ein Exil in Südchina zur Folge; das intellektuelle Leben unter ihrer Ägide stand den Jahrhunderten der Tang jedoch in nichts nach. Die Erneuerung des Konfuzianismus lenkte die geistigen Kräfte von den Auswüchsen buddhistischer Spekulation hin zum Studium der rechten Ordnung aller Dinge, zu einem positiven und wissenschaftlichen Weltverständnis. Kommentare zur klassischen Literatur, zusammenfassende Übersichten, technische Abhandlungen (Mathematik, Architektur, Botanik, Malerei) wurden einer zunehmend gebildeten, breiten Elite angeboten; unterstützt wurde dies durch die Entwicklung der Druckkunst. Der Trend wurde verstärkt durch die Entwicklung eines Wettbewerbssystems und durch das Ansehen, das mit öffentlichen Ämtern verbunden war, sowie durch das materielle Wohlergehen einer immer wichtiger werdenden Kaufmannsschicht und nicht zuletzt durch das Beispiel der Song-Kaiser, die zweifellos die gebildetsten Kaiser der Geschichte waren. Die Verbreitung des Buches begünstigte die Entwicklung einer romantischen und volksnahen Literatur, durch das Buch wurde die wachsende Anzahl literarischer Werke besser bekannt, insbesondere die gesungenen Gedichte, die – das war die große Neuerung – sich auf die gesprochene Sprache beriefen. Das folgende Gedicht, etwa um 1210 von Lu You für seinen Sohn geschrieben, macht die Sehnsucht vieler Nordchinesen deutlich, die von den Jurchen gezwungen worden waren, nach Süden zu ziehen:

Porträt einer Kaiserin, der Frau Shenzongs aus der Dynastie der Nördlichen Song; seine fast zwanzigjährige Regierungszeit (1068–1086) war von einer nahezu ununterbrochenen Serie katastrophaler Kompromisse gekennzeichnet, die man einging, um die Bedrohung durch die Stämme der Khitan und Jurchen im Norden abzuwehren.

„Ich weiß wohl, daß es nach meinem Tod nichts mehr für mich geben wird;
Es ist schmerzlich, die Wiedervereinigung der Neun Provinzen nicht mehr erlebt zu haben!
Wenn einst die kaiserlichen Armeen des Nordens die Zentralebene befrieden,
Vergiß nicht, beim Opfer deiner Vorfahren, dies dem Geist deines Vaters mitzuteilen!"

Eine Szene aus dem berühmten Meisterwerk „Treiben am Fluß während des Qing-Ming-Festes" von Zhang Zeduan; das Bild schildert Leben und Treiben in Kaifeng, der Hauptstadt des nördlichen Song-Reiches.

Vergleicht man die Song mit der zeitlich davorliegenden Tang-Dynastie, so zeigt sich, daß die Song an Kultiviertheit gewannen, was sie an Vitalität verloren. Kultiviertheit und Gewandtheit zeigten sich in den Sitten, aber auch auf künstlerischem Gebiet: Kultiviertheit des Ausdrucks, der Körperhaltung buddhistischer Skulpturen, die strahlende Feinheit der *Chan-(Zen-)*Malerei, ungekünstelte Kostbarkeit der Genremalerei (Interieurs, Frauen, Kinder, Vögel, Fische, Bambus, Blumen und Pflanzen). Landschaftsmaler, von denen es mehr als je zuvor gab, ernteten Anerkennung und Lob; viele ihrer hervorragenden Gemälde zeichnen sich durch perfekte Beherrschung des Pinselstrichs aus, sowohl bei der Darstellung der rauhen Landschaften des Nordens als auch in der Behandlung der weicheren, in Nebel gehüllten Landschaften am Unterlauf des Yangzi. Letztendlich muß auch noch ein anderes Gebiet erwähnt werden: die zarte Einfachheit der Keramik- und Porzellanwaren. Sie wurden in Südostasien und Japan hochgeschätzt, wo die zartesten *Tenmoku-* und *Seiji*-Gefäße für die Teezeremonie benutzt wurden, den Gipfel der chinesischen Kultiviertheit.

Seide war dasjenige chinesische Erzeugnis, das am häufigsten als Tauschobjekt gehandelt wurde. In diesem Gemälde des Song-Kaisers Huizong (1101–1125) plättet eine Gruppe von Frauen ein Stück dieses hochgeschätzten Stoffes.

Der Unterlauf des Yangzi

Als die fremde Dynastie der Jin den Norden Chinas besetzt hielt, mußte sie gleichermaßen unzufriedene chinesische Völker regieren und der wachsenden Bedrohung durch die Mongolen entgegentreten; die chinesische Dynastie der Song hatte sich 1127 hinter das südliche Ufer des Huai zurückgezogen und eine Exilregierung errichtet. Die flüchtenden Song-Kaiser hatten nicht vor, lange im Süden zu bleiben, der sich in Klima und Landschaft stark von dem unterschied, was sie kannten. Sie nannten sogar ihre Hauptstadt, die sie in Hangzhou im Norden Zhejians errichteten, Xingzai oder „zeitweiliger Wohnsitz". Sie sollten jedoch fast anderthalb Jahrhunderte dort bleiben, bis zur Eroberung Hangzhous durch die mongolischen Armeen im Jahre 1276. Diese Zeit, in der sich im Becken am Unterlauf des Yangzi langfristig eine nördliche Dynastie etablierte, brachte der Region beachtliche Vorteile, wie es bereits schon einmal, nämlich zur Zeit der Sechs Dynastien, geschehen war. Die Stadt Hangzhou, bisher provinziell und unbedeutend im Vergleich zu ihrer angesehenen Nachbarin Nanking, wurde im 13. Jahrhundert sowohl in bezug auf ihre Bevölkerungszahl, die für das Gesamtgebiet der Stadt auf etwa eine Million geschätzt wird, als auch in bezug auf den Handel zu einer der bedeutendsten Städte der Welt. Verkehrsverbindungen mit dem Hinterland waren durch ein dichtes Kanalnetz und den Yangzi sichergestellt; gleichzeitig baute die Stadt ihre seit langer Zeit bestehenden Seeverbindungen mit arabischen und persischen Kaufleuten aus.

Buddhistische Überreste
aus der Ruiguang-Pagode
in Suzhou

Durch Zufall hat man in einem Versteck auf der dritten Etage des Tempels von Ruiguang in Suzhou eine Vielzahl buddhistischer Überreste gefunden. Darunter waren (hier von links nach rechts dargestellt) die bemalte und vergoldete Tonstatuette der Göttin der Barmherzigkeit, eine Bronzefigur Sakyamunis, hölzerne Figuren des Königs Deva (hier hält er eine Pagode in der Hand) und eine Bronzefigur Ksitigarbhas, die eine Perle in der Hand hat.

Die bei Suzhou gefundenen Überreste befanden sich in zwei ineinandergeschachtelten Kästen. Das innere (oben) (Höhe 124 cm) ist auf vier Seiten mit Figuren des Königs Deva *verziert, die in Wellenlinien im Stil Wu Daozis, eines berühmten Meisters der Tang, gearbeitet sind. Im Innern der Säule sind buddhistische Sutras aufgezeichnet (auf dieser Seite: Ausschnitt der Spitze, die von einer Kristallkugel gekrönt wird).*

Obwohl die große Begeisterung früherer Jahrhunderte für den Buddhismus allmählich nachließ, blieb er doch eine der Hauptreligionen jener Zeit – man sollte wohl eher sagen: einer der Hauptbestandteile des religiösen Synkretismus jener Zeit; in Hangzhou und Umgebung gab es Hunderte buddhistischer Gründungen. Seit der Tang-Zeit hatte sich ein ikonographischer Stil herausgebildet, der wie so viele andere Aspekte der Kultur den Einfluß Südchinas zeigte; um dem Geschmack der unteren Schichten, in denen der Buddhismus fest verwurzelt blieb, zu genügen, wurde der Stil immer aufwendiger.

Oben: *Eine Truhe für buddhistische Sutras; Lackarbeit mit Perlmuttverkleidung (Länge 35 cm).*

Rechts: *Der achteckige Sockel der Säule zeigt ein Meer, in dessen Mitte sich ein Hügel erhebt, der von acht Löwen getragen wird.*

Nächste Seite: *Holzschnitzerei eines Kriegers, der Buddha begleitet; massiver Körper, von langen, wogenden Bändern bedeckt.*

Links: *Dschingis-Khan (1167 – 1227) gelang es, die Macht der Mongolen zu einen; sein Reich erstreckte sich von Samarkand bis nach Korea, einschließlich ganz Chinas nördlich des Gelben Flusses.*

Nächste Seite: *Dschingis-Khan und seine Gemahlin auf dem kaiserlichen Thron.*

Yuan-Dynastie

1276 – 1368

Oben: *Kublai-Khan, der seine Eroberungen auf Südchina ausdehnte; dieser Prozeß war etwa um 1278 abgeschlossen.*

Wer hätte den Mongolen standhalten können? Die Horden Dschingis-Khans hinterließen Tod und Verwüstung. Mit seinen annähernd 100 Millionen Einwohnern, seinen Bergen und Tälern, zahlreichen Flußläufen, die es zu überqueren galt, und einem im Lauf der Jahrhunderte erworbenen Widerstandsgeist gegenüber dem Eindringling war China jedoch auch für die Mongolen ein harter Brocken. 43 Jahre lagen zwischen der Eroberung Kaifengs, der Hauptstadt des Jurchen-Reiches, im Jahre 1233 und dem Fall Hangzhous, der Hauptstadt Süd-Sungs, im Jahre 1276.

Vermutlich starben viele Chinesen bei der Invasion, da die Mongolen vor Massenhinrichtungen nicht zurückschreckten. Die neuen Eroberer merkten jedoch schnell, welchen Gewinn sie aus dieser reichen Eroberung ziehen konnten. Zunächst verhielten sie sich den seßhaften Völkern im Land gegenüber unbeholfen; sie scharten Muslime oder Khitans als Vermittler um sich, besetzten die Verwaltung mit mongolischen Beamten und begannen, die chinesischen Institutionen mongolisch zu prägen; straffere Verwaltung, strengere Strafgesetze und, vor allem, eine Besteuerung, die für Südchina vernichtend wurde. Um ihre Art von Steuern leichter eintreiben zu können, begannen sie 1279 mit dem Bau eines neuen Großen Kanals. Die

Mongolen fühlten sich in diesem reichen Land so sehr zu Hause, daß sie ihre Hauptstadt 1264 nach China verlegten. Es war dies Yanjing, das heutige Peking, die alte Hauptstadt der Jurchen, umbenannt in „Stadt des Khan", Khanbalik auf mongolisch und Dadu oder „Große Hauptstadt" auf chinesisch. Sie legten sich den Dynastie-Namen Yuan zu. Von 1267 an wurde die Hauptstadt wieder aufgebaut; in ihr stand der prächtige Palast des Khan, den Marco Polo in seinen Reiseberichten staunend beschrieb:

„Man weiß, daß es der größte ist, den es je gab . . . das Dach ist sehr hoch. Die Wände des Palastes und die Zimmer sind ganz mit Gold und Silber überzogen . . . Die Eingangshalle ist so riesig, daß 6000 Menschen dort bequem speisen könnten. Es gibt so viele Zimmer, es ist phantastisch, sie anzuschauen . . ."

Viele reiche Kaufleute und Grundbesitzer entgingen der Besteuerung oder konnten aus ihrer Situation Nutzen ziehen; dies versetzte die bäuerliche Bevölkerung unter gewaltigen Druck, der durch Landbeschlagnahmungen noch verstärkt wurde. Die Bauern suchten nach und nach den Schutz zahlreicher Sekten und geheimer Vereinigungen; eine dieser Vereinigungen, die „Roten Turbane", löste den Aufstand von 1350 aus.

Verglichen mit der strahlenden Zeit der Song, die ihr vorausgegangen war, ähnelt die Yuan-Ära einer kulturellen Einöde. Lediglich auf den Gebieten der Volksliteratur und des Theaters erschienen zahlreiche neue Werke. Die Meister konfuzianischen Gedankenguts waren vergessen, klassische Studien praktisch aufgegeben. Landschaftsmaler zogen sich in die Berge oder an die Flüsse zurück und malten hauptsächlich für sich selbst. Technische Studien wurden weiterhin unterstützt; dies ermöglichte eine Fortsetzung der unter den Song begonnenen naturwissenschaftlichen Arbeiten, insbesondere auf den Gebieten der Mathematik und Astronomie. Diese Anstrengungen wurden unter den Ming leider eingestellt; China profitierte daher hiervon nicht so stark, wie es ihm eigentlich zugestanden hätte. Obwohl dies die einzige Ruhmestat der mongolischen Eindringlinge war, lieferte das Wachstum chinesischer Technologie doch entscheidende Beiträge zum europäischen Mittelalter; im Zusammenhang mit der Entwicklung der Beziehungen zwischen China und dem muslimischen und christlichen Westen wurde die Weitergabe entscheidender Entdeckungen an den Westen ermöglicht. Zu nennen wären hier zunächst Kompaß und Ruder im 12. Jahrhundert, denen Schießpulver, Schleusentore, Verbesserungen auf dem Gebiet der Eisengießerei und

Druck mit beweglichen Lettern folgten; Papier, in China seit dem 2. Jahrhundert hergestellt, kam durch die muslimische Welt nach Europa und wurde dort dann gegen Ende des 13. Jahrhunderts hergestellt. Durch ihre Aufzeichnungen überlieferten westliche Reisende nach „Cathay" diesen technologischen Vorsprung der Nachwelt; einer von ihnen war natürlich Marco Polo, aber es sind auch noch Ibn Battuta, die Franziskaner Odorich von Pordenone, Johannes von Montecorvino und viele andere zu nennen.

Marco Polo besuchte den großen Kublai-Khan in dessen Hauptstadt Khanbalik (heute Beijing); als genauer Beobachter konnte er das Leben der Nomaden Zentralasiens, den Palast des Großen Khan, die Zeremonien und Hoffeste sowie die Sitten und Reichtümer Chinas und der Länder, die er bereiste, genau beschreiben. Diese französische Miniatur aus dem 15. Jahrhundert erläutert die Geschichte des venezianischen Reisenden und zeigt eine Münze aus Maulbeerbaumrinde, die das kaiserliche Siegel trägt.

Musikanten, Schauspieler,
Akrobaten und tanzende Mönche

Die Ziegel der Grabkammer des bei Jiaozhou (Henan) freigelegten Yuan-Grabes vermitteln uns einen lebendigen Eindruck von den Feiern und Vergnügungen des mongolischen Adels: auf dieser Seite ist eine Anzahl von Musikanten und Schauspielern abgebildet.

Weitere Schauspieler, Hausangestellte und Tänzer in verschiedenen Posen. Die Diener, in der Mitte, erkennt man an den Flaschen, die sie in der Hand halten. Die sehr realistische Darstellungsweise ermöglicht ein Erkennen der einzelnen Instrumente.*

Glanzzeit der Ming-Dynastie

Die letzte chinesische Dynastie

Am Fuß des Tianshoushan, etwa 50 km nordwestlich von Beijing, liegen 13 Kaisergräber der Ming-Dynastie (1368–1644). Das Grabmal des ersten Kaisers, Zhu Yuanzhang, befindet sich in Nanjing und trägt den Namen Xialing. Kaiser Cheng Zu hatte diesen Ort für sein Grab gewählt, nachdem er die Hauptstadt der Ming von Nanjing nach Beijing verlegt hatte. Von da ab wurden 13 aufeinanderfolgende Kaiser der Ming-Dynastie dort begraben. Die Ausgrabungsarbeiten am unterirdischen Palast begannen im Mai 1956; 1959 wurde er formell als Museum für die Öffentlichkeit zugänglich gemacht. Dingling ist das Grab Kaiser Wan Lis, der im Alter von 12 Jahren den Thron bestieg und 48 Jahre lang regierte (1537–1620). Die Bauarbeiten wurden begonnen, als er 22 Jahre alt war, und innerhalb von sechs Jahren waren sie abgeschlossen. Lingen-Halle, das Gebäude, welches etwas oberhalb davon stand, brannte 1914 bis auf die Grundmauern nieder, die heute noch sichtbar sind. Die erste sichtbare Spur eines Grabes ist das Minglon. Es enthält eine Steinstele; seine beiden Seiten sind mit dem Baocheng verbunden, einer 75 m langen Mauer, die den mit Pinien und Zypressen bewachsenen Grabhügel umgibt. Unter diesem Grabhügel liegt der unterirdische Palast. Grabungsarbeiten am Grabmal begannen am inneren Teil des Baocheng, an der Stelle, an der man einen steinernen Tunnel entdeckte mit der Inschrift: „Zwischen dieser Tafel und der Mauer Jinggangs liegen 16 Zhang (etwa 52,8 m) und 3,5 Zhang (etwa 11,95 m) Tiefe." In 20 m Tiefe wurde ein schräg abfallender Tunnel, ebenfalls aus Stein, entdeckt. Die beiden Tunnels bildeten den Durchgang, durch den die Särge in den unterirdischen Palast hinabgelassen wurden. Der Palast selbst besteht aus einem gewaltigen Steingebäude, dessen gewölbte Decke ohne Balken ist, wohl aber ein gewaltiges Gewicht tragen kann.

Die vordere und mittlere Halle liegen hintereinander und bilden einen rechteckigen Korridor, an dessen Ende quer dazu die hintere Halle liegt. Die drei Hallen sind durch drei Marmorportale miteinander verbunden, an deren Innenseiten sich ein 160 cm langer steinerner Riegel befand, dessen unteres Ende im Füllmaterial liegt. Schloß man die Tür, so glitt der Riegel an seinen Platz und verschloß die Tür, so daß sie von außen nicht mehr geöffnet werden konnte.

Auf dem Podium in der rückwärtigen Halle befinden sich die Särge Kaiser Zhu Yijuans und der zwei Kaiserinnen; darum herum sind Gold- und Silbergegenstände, Porzellanwaren, juwelenbesetzte Anhänger und Brokat ausgelegt. Etwa 300 Gegenstände hat man bisher ausgegraben. Es handelt sich dabei vornehmlich um Schalen, Becher, Löffel und *Jue*-Gefäße aus Gold oder Silber, alle kunstvoll getrieben, einige sind sogar mit Rubinen und Saphiren besetzt. Eine goldene Kaiserkrone und vier Kronen in feiner Filigranarbeit für die Kaiserinnen, jede mit 500 Perlen und über 100 Edelsteinen verziert, sind die bemerkenswertesten Gegenstände.

Gräber der Ming-Fürsten hat man an verschiedenen Orten gefunden. Besonders wichtig ist das Grab Prinz Zhu Yuellans, des ältesten Sohnes des Fürsten von Shu, das man bei Chengdu in Sichuan entdeckt hat. Die Tatsache, daß dieses Palastgrab für einen zweiundzwanzigjährigen Prinzen bestimmt war, ermöglicht uns eine Vorstellung über das Bestattungswesen von Fürsten zu Beginn der Dynastie. Das Grab enthielt zahlreiche Grabbeigaben, darunter 400 Porzellanfigürchen unterschiedlicher Typen. Die Grabungsarbeiten am Grabmal Zhu Tans, des Fürsten von Lu, in Shandong, haben 430 bemalte Figürchen und wertvolle, bemalte Bücher und Kalligramme zutage gebracht, darunter ein mit Stockrosen und Schmetterlingen bemalter Fächer mit einem Gedicht in der Handschrift des Song-Kaisers Zhao Gou; des weiteren Bücher mit den Titeln „Gedichte Du Fus“, „Anmerkungen von tausend Männern“ und weiter „Anmerkungen Huangs“, die während der Yuan-Dynastie gedruckt wurden, sowie Musikinstrumente.

Aus dem Grabmal Zhu Houyes, des Fursten von Yi, in der Stadt Nancheng (Yianxi) hat man über 250 Gold- oder Silbergegenstände freigelegt. In jüngster Zeit wurden die Gräber Zhu Yiyins, König von Yixuan, und Zhu Youmus, König von Yiding, entdeckt; sie haben Informationen über die Gräber der Vasallenstaaten der Ming geliefert.

Statuen von Kriegern und eine Reihe von Tieren bewachen bestimmte kaiserliche Ming-Gräber. Obwohl die Qualität schlechter ist als in früheren Epochen, sind sie dennoch eindrucksvolle Zeugen der Macht des verstorbenen Herrschers.

Beijing

Die Namen Pekings („Hauptstadt des Nordens“) waren so zahlreich wie seine Machthaber. Infolge seiner Lage nahe der Grenze wurde es leicht zum Ziel für die Übergriffe der Barbaren. Die Machthaber wechselten daher in rascher Folge, wobei jeder die alte Stadt niederreißen ließ, um sie neu wiederaufzubauen. Zur Zeit der „Streitenden Reiche“ als Ji bekannt, wurde sie vom Ersten Kaiser, Qin Shi Huangdi, zerstört. Im Jahre 70 v. Chr. wurde sie als Yan wieder aufgebaut; nach den Han hieß sie Youzhou. Die Khitan zerstörten sie 986, bauten sie dann wieder auf und nannten sie – eine merkwürdige Laune der Geschichte – Nanjing, da sie die „Hauptstadt des Südens“ ihres Königreiches war. Danach hieß sie Yanjing. Im 12. Jahrhundert wurde sie von den Jurchen vergrößert; sie lief unter dem Namen Zhongdu, „Hauptstadt der Mitte“ (das heißt der Mitte des Jurchen-Reiches), oder Daxingfu. Dschingis-Khan zerstörte sie 1215, aber sein Enkel stellte ihre Ehre wieder her und gründete Khanbalik, chinesisch Dadu, die Hauptstadt des Mongolenreiches der Yuan. Danach versank sie in Zweitrangigkeit, bis 1421 ein Ming-Kaiser sie zur Hauptstadt des Nordens, Beijing, machte. Die moderne Stadt mit ihren 10 Millionen Einwohnern ist sich ihrer Rolle als Hauptstadt sehr wohl bewußt.

Die Stadt strahlt Ernsthaftigkeit und Feierlichkeit aus – in den Augen der Chinesen unabdingbare Eigenschaften einer Hauptstadt.

Die Ming-Dynastie

1368–1644

Zhu Yuanzhang, ein Bauer aus Anhui, gewann 1368 das Rennen um den kaiserlichen Thron. Es sollte hierzu angemerkt werden, daß die Ausgangslage für einen wagemutigen Stammesführer ideal war, da das Unvermögen der nomadischen Yuan, China zu verwalten, offen zutage trat. Es dauerte 20 Jahre, bis er an die Macht kam; die Ursachen hierfür lagen in der Tatsache begründet, daß andere Stammesführer den gleichen Gedanken hatten wie er. Nachdem sich alles beruhigt hatte, wählte er für seine Dynastie den Namen Ming. Den Offensiven, die dem Reich neue Gebiete in der Mandschurei und Nordvietnam brachten, folgte der Rückzug in die Verteidigung. Die Mongolen wurden wieder angriffslustiger und nahmen 1449 bei einem ihrer Einfälle sogar Kaiser Yingzong gefangen; er blieb bis 1457 ihr Gefangener. In Hebei, Shanxi und Shenxi mußten erneut Mauern gegen sie errichtet werden. Dies bedeutete den Niedergang.

Das 16. Jahrhundert brachte den Ming-Kaisern schwerwiegendere Probleme. Die Wirtschaft des Landes durchlief große Veränderungen, die die Behörden weder vorhersehen noch in den Griff bekommen konnten.

Der autoritäre Zentralismus der Regierung wurde geschwächt, Steuereinnahmen entgingen dem Staat, verschwanden bei gesetzeswidrigen und heimlichen Aktivitäten zwischen regionalen Mächten und Gegenmächten. Überdies wurden die Staatsfinanzen durch die Kosten der Gegenangriffe gegen die japanischen Armeen Toyotomi Hideyoshis in Korea, die Kosten der Bekämpfung der Piraterie und der Niederwerfung lokaler Aufstände und durch die Aufwendungen für sagenhafte Projekte (Paläste, Grabmäler) der Kaiser ruiniert. Dieser Trend konnte weder durch die Anstrengungen einzelner Kaiser noch das energische Einschreiten einiger verantwortungsbewußter Minister gewendet werden. Das Ming-Reich war im Niedergang begriffen; derweilen erlangten im Nordosten die Jurchen, die Herrscher über die Mandschurei, auf Kosten der Mongolen ihre alte Stärke wieder. 1644 eroberten sie Peking und ergriffen die Macht.

Zhu Yuanzhang, der Kaiser Taizu, war der Gründer der Ming-Dynastie.

Nächste Seite: *Palastbau war der Lieblingszeitvertreib mehrerer Ming-Kaiser. Dieser Palast hier, der zwischen den Wolken zu schweben scheint, ist im gleichen Stil erbaut wie der kaiserliche Palast der Verbotenen Stadt bei Chengzu.*

Links: *Ein* Gu-*Gefäß aus Keramik (Höhe 25,2 cm) mit gelber Glasur, verziert mit Figuren zu Pferde, Blumen und Pflanzen in Violett.*

Nächste Seite: Hu-*Vase mit eingeritztem Drachen- und Wolkenmuster, besetzt mit Perlen, Jade und roten und blauen Edelsteinen.*

Ganz rechts: *Goldene Haarnadel.*

Die Grabbeigaben der verschiedenen Gräber der Mitglieder der kaiserlichen Familie umfassen eine gewaltige Menge an Gegenständen, darunter eine goldene Hu-*Vase (oben) und eine blau-weiße Keramikvase mit Blumenmotiven (rechts).*

Kaiserkronen

Unten: *Krone aus goldenen (Ketten-) Gliedern.*

Nächste Seite: *Eine der vier Phönix-Kronen, verziert mit drei goldenen Drachen und zwei Phönixen aus Perlen. Jede Krone enthält mehr als 5000 Perlen und 100 Edelsteine.*

BILDNACHWEIS

Bibliothèque Nationale, Paris: 58, 95, 189, 263;
British Museum, London: 273;
Chavannes, E., „Les documents chinois découverts par Aurel Stein dans les sables du Turkestan oriental“, Oxford 1913: 161;
Dräyer, Walter, Zürich: 108 (2. und 3. Bild von links);
Geil, W. E., „The Great Wall of China“, London 1909: 90;
Museum of fine Arts, Boston: 251;
National Museum, Tokyo: 218;
National Palace Museum, Taipei: 188;
„San Cai Tu Hui“ (Katalog), Bd. II: 94;
Tholstrup, Else, Kopenhagen: 107;
Yugoslave Reviev, Belgrad: 16, 17, 93;
Alle anderen Photos stammen von: Cultural Relics Publishing House, Peking.

Große Epochen der Weltkunst

ARS ANTIQUA

Eine Edition von Weltrang in 15 Bänden

„Eine in der Welt einzigartige Summe der prähistorischen Kunst, aufsehenerregend durch die erstmalige Veröffentlichung und Dokumentation überraschender Forschungsergebnisse..." *Schweizer Journal*

„Das Ergebnis mehrerer Fotoexpeditionen nach Ägypten und zu den ägyptischen Sammlungen in den großen Museen der Welt läßt sich qualitativ wie auch quantitativ kaum noch überbieten." *Rheinischer Merkur*

„Man kann ‚Die Kunst des Alten Orient' aufschlagen, wo man will, man ist sofort gefangengenommen von der Souveränität der Darstellung... Ein singuläres Werk in jeder Beziehung." *St. Galler Tagblatt*

„Für den, der tief in die Geheimnisse der griechischen Kunst eindringen will, wird dieses Prachtwerk eine Quelle ungetrübten Genusses und ein unentbehrlicher Helfer sein." *Österreichischer Rundfunk*

„Das Werk bezeichnet eine neue Phase der Literatur und Dokumentation über die römische Kunst und erschließt, sowohl in der sachlichen Berichterstattung als auch in den Reproduktionen, die Kunst Roms so gründlich und fachlich wie universal, eine eminente Leistung." *Universitas, Stuttgart*

SERIE I

André Leroi-Gourhan
PRÄHISTORISCHE KUNST
ISBN 3-451-16281-4

Kazimierz Michalowski
ÄGYPTEN
KUNST UND KULTUR
ISBN 3-451-16282-2

Pierre Amiet
DIE KUNST DES ALTEN ORIENT
ISBN 3-451-16283-0

Kostas Papaioannou
GRIECHISCHE KUNST
ISBN 3-451-16284-9

Bernard Andreae
RÖMISCHE KUNST
ISBN 3-451-16285-7

„Es dürfte wohl keinen besseren Kunstband über Indien geben als dieses Werk... Das Buch setzt Maßstäbe in der Gestaltung, der Drucktechnik, dem Glossar, ebenso wie in der Zielsetzung." *Düsseldorfer Nachrichten*

„‚China' ist das Beste, was heute in dieser Gesamtdarstellung auf dem Markt zu haben ist – nach Informationsgehalt, nach hervorragender technischer Qualität, aber auch nach der umfassenden Darstellung aller wesentlichen chinesischen Kunstrichtungen." *Die Zeit*

„Japans Kunst und Kultur sind in Deutschland noch nie auch nur annähernd so umfassend präsentiert worden... Ein Buch, das eine kleine Bibliothek ersetzt." *Süddeutsche Zeitung*

SERIE II

C. Sivaramamurti
INDIEN
KUNST UND KULTUR
ISBN 3-451-17101-5

William Watson
CHINA
KUNST UND KULTUR
ISBN 3-451-17105-8

D. und V. Elisseeff
JAPAN
KUNST UND KULTUR
ISBN 3-451-17104-X